Émois...

d'elle à moi

Natalice

ISBN : 978-2-9548174-0-8

dépôt légal : DLE 20140312-17551

REMERCIEMENTS

Je tiens à remercier du fond du cœur Isabelle pour sa disponibilité, ses compétences, son cœur « gros comme ça », son énergie et sa rapidité à répondre aux questions, voire à les devancer. Sans son soutien pas à pas ce livre serait resté au stade de manuscrit au fond d'un tiroir. Alors merci à elle, à son sourire au-delà des épreuves et son accent chantant !

Merci également à ma Maman, par delà la tombe, qui malgré les turpitudes de sa courte vie a su me transmettre son goût des lettres et des mots.

Merci encore à mon père, cet homme trop tôt disparu lui aussi, toujours entouré de livres, de peinture et de musique.

Dédicace

Ce livre est un hommage à mes enfants, mes «3 p'tits bouts du bout du monde » qui ont bien grandi... et à leurs mères biologiques qui ont eu ce courage de les abandonner plutôt que de les voir mourir de faim en les gardant près d'elles.

Émois...

d'elle à moi

La vie, c'est des étapes...
La plus douce, c'est l'amour...
La plus dure, c'est la séparation...
La plus pénible, c'est les adieux...
La plus belle, c'est les retrouvailles...
(Anonyme)

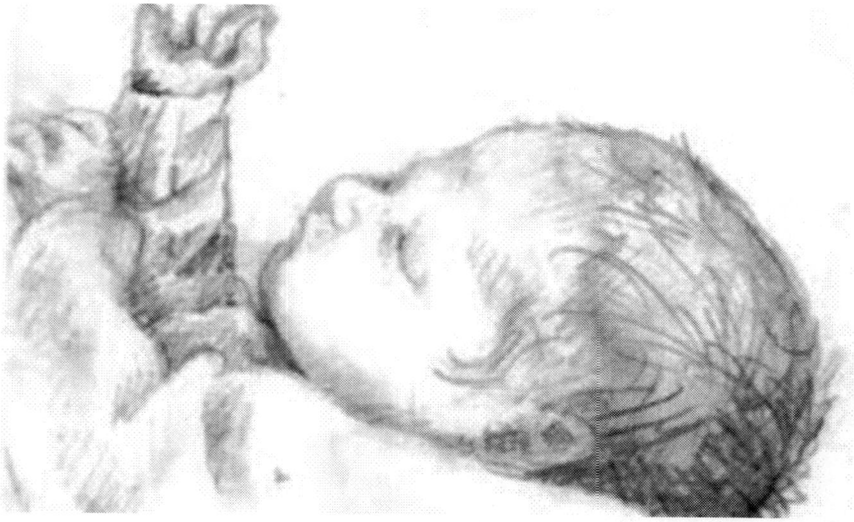

Moi, toute petite Moi

Moi, toute petite Moi.

Je suis née tôt ce matin.

Il faisait froid.

Je suis née ce matin et je n'ai pas de nom.

J'ai froid, je suis seule, toute seule.

Des tas de petites choses roses, noires, jaunâtres ou bleutées et surtout rabougries pleurnichent autour de moi.

Ça m'inquiète : est-ce que je leur ressemble ? Elles semblent si moches et si geignardes...

Moi je ne dis rien, je me recroqueville dans les draps blancs et la couverture rose, je fais semblant de dormir pour ne plus les entendre.

Ça ne marche pas, j'ai l'impression que les cris transpercent la membrane fragile de mon crâne tout neuf...

Je suis née ce matin et il me semble avoir cent ans tant l'existence me pèse déjà.

Hier soir, alors que j'étais encore bien au chaud dans ma bulle placentaire, j'ai ressenti le vent du danger.
Quand elle a commencé de m'expulser, j'ai tenté de résister mais en vain.
On m'a tirée violemment par la tête et les épaules, j'ai hurlé de révolte, de peur, de refus...

Les grands en blanc ont éclaté de rire, mon ex-logeuse toute chiffonnée dans son lit souillé a fondu en larmes.
Elle ne m'a pas prise dans ses bras.
Elle n'a pas voulu qu'on me pose sur son ventre.
Alors j'ai décidé de me taire.
Je ne suis pas triste, j'attends.
J'attends depuis que cette femme en tenue bleue m'a prise dans ses bras.
Elle m'a nettoyée, habillée, a déposé un « baiser-papillon » tout doux sur ma main et m'a couchée dans ce berceau, au milieu de braillards inconnus.

Je ne les ai pas salués.
Je n'ai aucune envie de lier connaissance.

Que va-t-on faire de moi maintenant que je suis née mais que je n'ai pas de nom ?

Que va-t-on faire de moi qui n'existe pour personne ?

Elle – l'enfer

Les douleurs ont commencé hier.
J'ai eu très peur et j'ai essayé d'appeler Fred.
Il était sur messagerie bien sûr.
Il ne veut plus me répondre depuis que je lui ai dit pour le bébé.
Ma mère dit que c'est un salaud et que je suis une putain.
Mais moi je l'aime, même s'il ne veut plus me voir.
Même s'il préfère sortir avec la belle Clara, celle qui est blonde, grande, mince, une vraie poupée Barbie avec la tête vide.

Oui, mais au moins, elle ne tombe pas enceinte au premier regard.

Je ne me suis pas aperçu tout de suite que j'étais enceinte.
Je ne compte pas les jours, alors je ne savais pas que j'avais du retard.
Quand mes seins ont commencé de gonfler et que j'ai eu des nausées à n'en plus finir, j'ai fait semblant de ne pas comprendre.

J'avais bien trop peur.
Après, il était trop tard...

Le docteur, chez qui ma mère m'a traînée, m'a regardée avec désapprobation, avec mépris même.
Une fille de rien, voilà ce que je suis, une rien du tout.
Elle me l'a encore dit hier ma mère, quand elle m'a larguée ici, comme on balance un colis encombrant.

Elle m'a laissée entre les mains des infirmiers et elle s'est barrée, elle m'avait prévenue qu'elle ne « voulait pas le savoir », mais je n'avais pas voulu y croire jusqu'au moment fatidique.

Je n'ai que 16 ans, j'ai encore besoin de toi Maman...
Je n'ai que 16 ans et je viens d'accoucher...

Il paraît que c'est une fille.
Je n'ai pas voulu la voir.
Je n'ai pas voulu la toucher.
Je n'ai pas de nom à lui donner.
Je n'ai pas d'amour à lui donner.
J'ai mal au corps et au cœur.
Je ne peux plus arrêter de pleurer.

Au moins ici, les gens sont gentils, ils ne me jugent pas.
Il y a une nurse en tenue bleue qui est venue voir si j'allais mieux.
Elle m'a tenu la main un moment, comme ça, juste un geste gentil.
Je suis seule, pas de petit ami, pas de copine, pas de mère...
Je voudrais mourir...

Je suis seule, pas de petit ami, pas de copine, pas de mère...

Je voudrais mourir...

Moi – toute seule

La dame en bleu est revenue.

Elle s'occupe de moi, elle est douce.

Pourquoi elle ne me donne pas de nom ?

Je garde les yeux fermés presque tout le temps.

Pas envie de voir le monde qui m'entoure.

Les autres braillent toujours, c'est insupportable.

C'est insupportable d'être en colère alors qu'on a un nom et des parents.

Moi je suis seule, si seule, mon cœur est vide.

Ça fait quoi d'avoir une maman ?

Ça fait quoi d'être serrée contre son corps et de téter ?

Moi, on me donne des biberons, je n'en veux pas, je recrache souvent.

La dame en bleu s'inquiète, elle me demande de faire un effort.

Un effort ? Pourquoi ?

Personne ne veut de moi.

Même la dame en bleu repart le soir en me laissant là, toute seule.

Et moi je me recroqueville de plus en plus dans ma couverture rose et j'attends.

Je ferme les yeux pour ne pas être là.

Je ferme les oreilles pour ne pas entendre la vie des autres.

J'ai peur maintenant, vraiment peur.

Et j'ai froid aussi, dedans et dehors.

Je viens juste de naître mais déjà j'ai compris, je ne suis pas un bébé comme les autres.

Je n'ai pas de maman.

Je n'ai pas de papa.

Je n'ai rien, rien du tout.

Juste un petit bout de tendresse d'une dame en bleu.

Juste des gens de passage qui me changent et me nettoient, me sourient de loin en loin.

J'ai froid, j'ai peur, je suis triste et j'attends.

Je ne sais pas ce que j'attends.

De toute façon, ça ne pourrait pas être pire, alors j'attends qu'il se passe quelque chose.
Je sens bien qu'ils ne vont pas me garder ici très longtemps.
Qui va venir me chercher ?
Est-ce que quelqu'un m'aime ?
Est-ce que la dame en bleu voudra m'emmener chez elle ?
Et dehors, il y a quoi ?

Elle – si seule

Je n'ai pas dormi cette nuit.
Je n'ai fait que pleurer, je ne sais pas ce que je vais devenir.
Demain il va falloir rentrer chez mes parents s'ils veulent encore de moi .
Sinon, il faudra que je recommence à squatter quelque part.
Quelle vie pourrie, j'en ai marre...

A 16 ans, l'avenir devrait être rose, on devrait rire et ne pas penser à la mort.

Pourquoi je n'ai pas cette chance ?
Pourquoi mon père ne m'a jamais dit qu'il m'aimait, que j'étais sa princesse ?
Pourquoi ma mère ne me tend jamais la main ?
Pourquoi est-ce qu'elle ne m'a pas mise en garde quand j'ai commencé à me maquiller, à jouer les jeunes filles affranchies ?
Pourquoi j'aime la bière et les garçons, et pas l'école ?
Pourquoi je suis tombée folle amoureuse de Fred ?

Je connaissais pourtant sa réputation : « tombeur, dragueur, goujat, irresponsable ».
Je ne savais même pas le sens du mot « goujat », c'était un mot marrant.
Maintenant je sais ce que ça veut dire et je le trouve trop faible ce mot.
Une femme est venue me parler tout à l'heure, une psychologue.
Elle m'a expliqué ce qui allait arriver au bébé si je ne la reconnaissais pas.
Elle m'a dit que je ne la reverrais jamais si je l'abandonnais.
Elle m'a dit aussi que j'avais 2 mois pour réfléchir...
Mais je lui ai répondu : « regardez-moi, je ne suis rien, je suis

une fille qui ne vaut rien, une putain comme dit ma mère, je ne peux pas être Maman, je ne le veux pas non plus. Je n'aime pas cette enfant, je ne l'ai pas voulue, elle est venue sans avoir été invitée »

Elle m'a demandé de réfléchir, de ne pas penser des choses aussi horribles de moi.

Elle m'a raconté des conneries, que 16 ans c'est un âge merveilleux, qu'on a toute la vie devant soi, plein de bonheur à venir.

Bien sûr ! C'est facile pour elle : elle porte une alliance, elle est bien habillée, elle est belle, elle a tout pour elle.

Moi je n'ai rien.

Ma mère non plus n'a pas grand chose d'ailleurs...

Après c'est l'assistante sociale qui est venue me voir, pour le dossier d'abandon.

Je ne savais pas qu'on pouvait autant pleurer.

La nurse est revenue, elle s'est assise un moment à côté de moi en me tenant doucement la main.

Je lui suis reconnaissante de ne pas avoir parlé du bébé.

Je n'ai plus envie de vivre...

La dame en bleu m'a donné un baiser papillon

Moi- le départ

Ce matin, la dame en bleu m'a donné un vrai baiser.

Un baiser de maman ?

Elle m'a souhaité « bonne chance »

Je n'ai pas compris et j'ai eu encore plus peur.

Je n'ai rien pu manger, pire que d'habitude.

On m'a habillée de neuf, un joli pyjama avec une coccinelle.

Comme un article en promotion .

Et puis une femme est arrivée et m'a regardée un moment.

J'avais les yeux grand ouverts cette fois et je la fixais : « Maman ? »

Elle n'a rien dit, est partie discuter avec la dame en bleu et un monsieur inconnu.

La femme est revenue, elle m'a fait un sourire un peu apitoyé.

Elle m'a prise dans ses bras et m'a installée dans un couffin.

Elle a couché une peluche à côté de moi.

Elle a mis une tétine dans ma bouche mais je l'ai recrachée.

Je ne veux rien dans ma bouche.

Elle m'a regardée à nouveau en hochant la tête.

La dame en bleu lui a donné un cahier et m'a caressé doucement la joue.

J'ai pleuré en silence, je ne voulais pas quitter la dame en bleu.

C'était trop tard pour lui dire que je l'aimais.

D'ailleurs ça veut dire quoi « je t'aime » ?

Ma maman ne m'aime pas.

Mon papa ne m'aime pas.

Je ne vous aime pas.

La femme m'a emmenée dans sa voiture.

Elle a mis une musique toute douce qui m'a bercée.

J'ai dû m'endormir car je ne me souviens pas être arrivée ici.

C'est la première fois que je dors calmement.

Ici c'est plein de couleurs douces.

On entend une petite musique, un peu comme dans la voiture de la femme.

Ça s'appelle la « pouponnière ».

Il y a plusieurs berceaux autour du mien.

Ici les bébés ne braillent pas

Je crois qu'ils font comme moi : ils attendent.

J'essaierai de les regarder demain, je suis trop fatiguée aujourd'hui.

La dame en bleu me manque.

Elle- le départ

Je suis prête à partir.

J'espère que ma mère va venir me chercher.

J'ai signé plein de papiers, je ne sais pas trop quoi, je m'en moque un peu...

Je suis assise sur le lit et je regarde par la fenêtre le ciel tout gris.

Gris comme mon cœur, gris comme le teint de mon visage dans la glace tout à l'heure.

J'ai renoncé à me maquiller.

Pour plaire à qui ?

J'attends, je ne sais même pas ce que j'attends.
La psychologue est repassée tout à l'heure, avec l'assistante sociale, elles m'ont redemandé si ma décision était définitive.
Pourquoi elles insistent comme ça ?
Ce n'est pas assez dur ?
Je suis si triste, si fatiguée, si vide...
Je n'ai même plus de larmes...

J'essaie de penser à ma vie, à l'avenir et je n'aperçois rien, rien qu'un grand trou noir où je voudrais plonger.
Fred....
L'oublier, oublier tout, les bons et les mauvais moments...
Oublier le bébé...
Ne plus avoir mal, ni froid, ni peur...

La nurse vient me dire « au revoir, bonne chance, garde confiance, tu es jeune, tu ne le sais pas encore, tu es trop paumée et malheureuse en ce moment, mais tu verras, tu auras une belle vie si tu le veux. Tâche de faire les bons choix, réfléchis bien...Et ne t'inquiète pas trop pour la petite si tu peux, on lui trouvera des parents, elle sera heureuse... ».

De toute façon, j'ai 2 mois pour réfléchir...
Après elle me montre un cahier, me demande si je veux le regarder : il y a des photos du bébé dedans, son bracelet de naissance, et je ne sais quoi d'autre...
Je n'ai pas voulu en entendre plus, je n'ai surtout pas voulu l'ouvrir...

Oublier, oublier...
Pourquoi ma mère n'est pas cette nurse ?

Pourquoi je devrais continuer à vivre ?

Je m'appelle Leïla.

Moi - Leïla

J'ai enfin un nom.

Je m'appelle Leïla.

Je ne sais pas qui l'a choisi.

Ce nom ou un autre, je m'en fiche.

Ce n'est pas ma mère qui me l'a donné.

Ni mon père qui ne veut pas me connaître.

Je n'ai plus envie de les voir.

Ici je suis bien.

On s'occupe de moi.

Je réussis même à manger.

Je regarde un peu les autres mais pas trop.

Ils ont l'air gentils mais tristes.

Moi aussi je suis triste.

On est les enfants de personne et ça c'est triste.
J'ai entendu les dames d'ici le dire.
Parfois on a des câlins, c'est doux un câlin.
Je vois des bébés partir de temps en temps.
Où vont-ils ?

Je suis inquiète, je vois bien qu'un jour je devrais partir aussi.
Mais qu'est-ce qu'il y a dehors ?
Est-ce que ça vaut le coup de sortir d'ici ?

A quoi ça sert de grandir ?
J'ai peur de devenir grande.
Je n'ai personne pour me guider.
Je n'ai personne pour m'apprendre à grandir.
Je suis sûre que c'est plein de pièges, plein de danger, le monde des « grands ».

Je veux rester petite, toute petite.
Je me roule en boule pour avoir l'air petite.

Pour qu'on oublie de me faire partir d'ici aussi.

Peut-être pour qu'on m'oublie tout court...
Qui s'inquiéterait de ma disparition ?
Je n'ai pas revu la dame en bleu...

Elle- continuer

Je suis chez mes parents et l'ambiance est morose.
Mon père ne me parle que par monosyllabes.
Il ne m'a jamais beaucoup parlé si je regarde en arrière.
C'est comment un père « normal » ?

Je me souviens quand j'allais chez ma copine Sophie à la sortie de l'école.
Son père nous racontait plein d'histoires drôles, il nous posait des questions sur tout ce qui nous concernait : le scolaire, les copains, nos ambitions pour plus tard.
Il nous parlait, quoi, il s'intéressait vraiment à nous.

Mon père, il se lève le matin, il avale un café, il part au boulot.

Le soir, il rentre, il prend une bière, il s'installe devant la télé et il n'ouvre la bouche que pour manger. Après il va au pieu et il ronfle.
Chouette paternel !

Ma mère ne doit pas se marrer avec un type pareil.
Dès que je peux je me tire.
Le problème c'est que je n'ai plus d'amis.
Mon histoire avec Fred a tout démoli.
Il n'est pas apprécié, Fred.
Il n'y a que moi qui l'aime, et Clara qui le scotche.
Clara est bête.

Moi aussi, je dois être bête, ou plutôt folle.
Ma mère me fait la tête.
Ma présence l'embarrasse, je crois qu'elle culpabilise un peu.

L'ombre du bébé plane entre nous.
Moi j'essaie de ne plus y penser mais c'est difficile.
Je n'avais pas le choix de toute façon.

J'espère qu'elle n'a pas hérité de mes mauvais gènes, que le bon

Dieu l'a préservée.
Je ne crois plus en Dieu.

Il faut absolument que j'oublie tout ça sinon je vais en crever.

Il faut que j'arrive à me laver, à m'habiller, à sortir.
Il faut que j'arrête de me torturer et de penser à Fred : c'est qu'un salaud.
Il faut que j'arrête de l'aimer...

Je crois que j'ai vieilli de 10 ans en 6 semaines...
6 semaines...il m'en reste 2....

Demain, j'ai 17 ans...
C'est comment, la mort ?

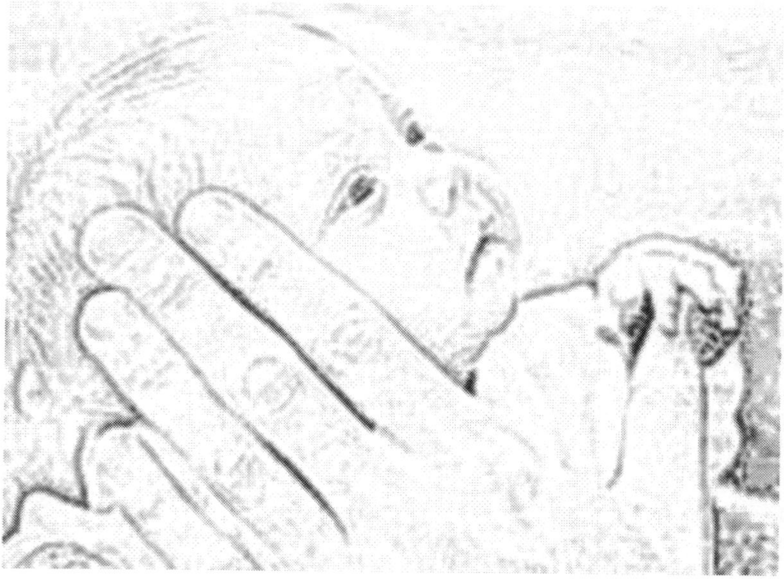

La dame m'a prise dans ses bras.

Moi - repartir

Un monsieur et une dame sont venus me voir ce matin.
La dame m'a prise dans ses bras.
Elle avait l'air gentil mais je me suis méfiée.
Elle ne portait pas de tenue bleue.
Le monsieur m'a caressé la joue.
Sa main était douce.
C'est la première fois qu'un monsieur me donne une caresse.
J'ai peur, je ne les connais pas.

Est-ce que ce sont eux mes parents ?
Je suis inquiète maintenant.
J'ai eu si peur qu'ils m'emmènent loin d'ici...
Je ne suis pas prête à partir
Je ne suis pas d'accord pour partir.
Je n'ai plus faim à nouveau.

J'ai froid dans mon cœur.

Je veux la dame en bleu.

Je ne sais pas son nom pour l'appeler.

De toute façon je ne sais pas parler...

Je sais que ce n'est pas ma maman parce que, elle, elle était gentille avec moi.
Elle me regardait et elle me donnait des « baisers-papillons ».
Je crois que je ne la reverrai jamais et ça me fait mal dans mon cœur, en plus du froid.
Elle ne doit pas m'aimer elle non plus.
Elle serait déjà venue me voir sinon, c'est sûr...
Si personne ne m'aime, pourquoi je suis née ?
Il faisait si froid ce jour-là, c'était sûrement un signe.
Je n'ai rien à faire dans ce monde.

Pourquoi on fait des bébés ?
C'est quoi une famille ?
C'est quoi le bonheur ?

C'est quoi l'amour ?

Je pense que ça n'existe pas, c'est des mensonges de grand tout ça.
On ne serait pas là, nous, les enfants de personne, si c'était vrai.

Où est la dame en bleu ?

Elle – s'en sortir

J'ai reçu un appel de l'assistante sociale, puis un autre de la psychologue.
Elles voulaient savoir si j'avais changé d'avis.
J'ai pas su quoi dire, je ne m'y attendais pas et à la fin j'ai hurlé.
De rage, de désespoir, de colère.
Fichez-moi la paix, je ne veux plus entendre parler de ça.

Je voudrais me cacher sous mes draps, m'étouffer avec mon oreiller et disparaître pour de bon.

Je ne trouve pas d'autre solution.
Mais je n'aurais jamais le courage de le faire...
Je suis une fille nulle née d'une mère nulle et d'un père nul.

Si au moins j'avais un frère, ou une sœur, ou même une inconnue comme la nurse en bleu, qui me tiendrait la main sans me juger...
Mais je n'ai rien ni personne.

Comment ces bonnes femmes peuvent-elles penser que je pourrais m'occuper d'un enfant, lui apprendre à vivre alors que je ne sais pas le faire ?
Je suis comme une aveugle dans un décor inconnu.
Il faut que je trouve le moyen de me calmer et de réfléchir.

Soit je me tue soit je réagis.

Je me traîne en vieux pyjama toute la journée, je ne me lave même pas, mes cheveux sont pleins de nœuds.
Je m'en fous.
Je n'ai pas faim, je ne sais pas si j'aurai à nouveau faim un jour.
Je n'ai aucune envie à part celle de devenir invisible.

Ma mère m'a regardée hier et elle a fait une grimace de dégoût. C'était quand la dernière fois qu'elle m'a embrassée, prise dans ses bras ?

Personne ne m'a souhaité mon anniversaire.

En fait, je n'existe pour personne, même pas pour moi...
Alors pourquoi rester dans un monde auquel je n'appartiens pas ?
Ça existe où le bonheur ?
Ça existe au moins ou c'est encore des mensonges qu'on entend à la télé ?

Si... chez Sophie, il y avait une sorte de bonheur je crois... En tout cas il y avait des rires et des bisous, des plaisanteries et des complicités...

C'est si loin, le monde de Sophie...

Il m'a dit : « Je t'aime, ma fille »

Moi – papa et maman tout neufs

Ils sont venus ce matin, bien décidés.

Les dames m'avaient habillée de rose et de beau.

Elles étaient contentes pour moi, elles me disaient :

— Comme tu as de la chance , petite Leïla, comme tu vas être heureuse... »

Elles chantaient et moi plus je les entendais, plus je me faisais petite.

Et puis la gentille dame de l'autre jour m'a prise dans ses bras, tout doucement, tout tendrement...

Elle m'a tendue au monsieur et elle a dit : « Regarde comme elle est belle, comme elle est douce, comme je l'aime déjà »

Aime ??? C'est un nouveau piège, ça ?

Le monsieur m'a serrée dans ses bras, il avait une larme sur la joue et un sourire sur les lèvres.
Il m'a fait un bisou tout doux sur le front.
Il m'a dit : « Je t'aime, ma fille »

MA fille ?
Je ne sais pas si je dois avoir peur ou me laisser porter sans rien dire.

J'ai 2 mois 1 / 2 et la méfiance d'un dinosaure...
On leur a donné le cahier, un peu plus gros maintenant, et on est partis.

Dans la voiture, je regardais les papillons qui décoraient ma nacelle toute neuve.
Ils sont beaux ces papillons, c'est peut-être bon signe.
Je ne sais pas, j'ai peur dans mon ventre encore une fois...
J'en ai marre d'avoir toujours tellement peur...

Est-ce que c'est la même chose pour tous les bébés ?

Je ne peux pas le croire, ça serait trop injuste.

Il y a sûrement des bébés heureux, qui ont un papa et une maman dès qu'ils naissent.

Il y a sûrement des bébés qui entendent « je t'aime » tout de suite.

Je m'endors, la voiture sent bon et il y a de la jolie musique.

Je sais que la dame me regarde, mais je garde les yeux fermés.

Je préfère rester sur mes gardes.

Je m'endors, je sens une larme sur ma joue.

Je pense à la dame en bleu, elle m'aurait expliqué, elle.

Je m'endors et j'attends.

J'attends, encore, toujours...

Elle – réagir

Voilà, ça y est, le délai est dépassé.

Je n'ai plus à me torturer avec ça.

Plus de choix à faire.

Plus de décision à prendre.

J'ai fait un gros trait au marqueur rouge sur le calendrier et j'ai écrit F-I-N-I, STOP !

J'ai le cœur en berne et la tête pleine de vide .

Je te souhaite d'être heureuse petite fille, pas comme moi, au moins j'aurais pas tout raté...

J'ai déchiré toutes les photos de Fred.

J'ai pleuré beaucoup, en cachant ma tête sous mon oreiller pour pas que ma mère m'entende.

Et puis je me suis douchée, longtemps, longtemps, pour me décrasser de tout ce sale passé.

Mon corps est tout propre maintenant vu de l'extérieur.

J'ai même mis un pyjama propre...

La seule chose que ma mère m'a dit, c'est : « Tu f'ras une machine, elles puent tes affaires et j'suis pas ta bonne ».

Elle aurait été une mère normale, elle m'aurait dit : « Je suis contente que tu réagisses, ma fille, tu sens bon ».

Mais je n'ai pas une mère normale.

Je ne suis pas une fille normale.

Je ne suis pas capable d'être une mère normale.

Juste une fille facile qui couche, qui tombe enceinte et qui accouche sous X.

Je suis seule et paumée.

Je ne sais pas ce que je vais faire de ma vie.

Je n'ai envie de rien.

De toute façon je ne sais rien faire.

Je ne retournerai pas au bahut, ça c'est sûr en tout cas.

J'ai jamais aimé l'école, je ne veux plus être un mouton, être obligée de faire semblant pour avoir la cote...

Je ne veux pas revoir les filles du lycée.

On n'a rien à faire ensemble.

Je pense beaucoup à Sophie...

Je ferme les yeux et je suis mieux...

Moi – une famille

Je commence à m'habituer.

Ici ça sent bon et j'ai des câlins tout le temps.

J'ai un peu moins peur mais je me méfie quand même.

Je ne sais jamais si ça va durer.

Il dit :

— Tu fais une risette à Papa ? »

Elle dit :

— Je suis ta Maman pour toute la vie, je t'aime »

Elle chante sur tous les tons : « Leïla, ma petite Leïla, je t'aime ma petite Leïla à moi »

J'aime bien sa voix quand elle chante comme ça.
Je ferme les yeux et je suis mieux pour l'écouter...

Il a le menton qui pique le soir, c'est bizarre...
Il y a une dame qui vient des fois et qui pose des questions sur mon « adaptation », je ne sais pas ce que ça veut dire.

Quand elle vient, j'ai peur qu'elle me prenne et m'emmène ailleurs.

Alors je reste très sage pour ne pas me faire remarquer.
« Vous voyez, elle est si tranquille, si gentille, elle est bien avec nous... On l'aime tellement déjà ! »
La dame repart toute seule, elle a l'air contente.
Quand elle est partie, je me sens fatiguée, j'ai envie de pleurer tellement j'ai eu peur.

Je crois que j'ai une vraie Maman maintenant parce que, quand la dame est partie, elle me serre fort contre son cœur et elle me dit de ne pas m'en faire, que personne ne nous séparera, que je suis son petit bébé d'amour...

Maman, Papa, ça me fait drôle de penser ces mots-là en les regardant.
Ça me fait drôle et aussi chaud dans le cœur et mouillé dans les yeux...

J'ai bien envie de me laisser vivre et de m'enfoncer dans mon bien-être, mais je reste un peu inquiète.

Je pense moins à la dame en bleu.
Papa, Maman, Leïla, c'est ça une famille ?

Elle – vers demain

Je suis sortie ce matin.

Oh ! Pas loin, juste là, sous le porche de l'immeuble.
La rue était noire de monde et grise de pluie.
Les gens marchaient vite, le visage sévère.
J'ai eu peur tout à coup : on aurait dit des « morts-vivants », je

veux pas ressembler à ça !
Je suis restée là un moment, les yeux dans le vague et dans l'effroi.
Et puis tout à coup j'ai aperçu un garçon, très brun, les cheveux rasés, le front haut, les yeux gris grand ouverts sur le monde.

Fred !!!

J'ai cru que j'allais m'évanouir.
Malgré moi, j'ai tendu la main vers lui...
Et puis j'ai entendu « son » rire de demeurée, j'ai vu Clara qui courait vers lui, ses longs cheveux blonds flottant derrière elle.
L'horreur !

Ils se sont jetés dans les bras l'un de l'autre, se sont embrassés à pleine langue.
Je suis tombée assise sur le sol et j'ai caché mon visage dans mes mains.
Mon dieu, ce que j'ai pleuré, autant que le jour où... non je ne veux plus y penser !

Quand je me suis relevée, la pluie avait cédé la place à un soleil timide.

La rue était calme, je l'ai observée quelques minutes sans penser à rien , puis je suis remontée à l'appartement.

C'en était déjà trop pour aujourd'hui.
Je me suis jetée sur mon lit et je suis restée allongée jusqu'à ce soir, sans manger, sans pleurer, sans penser.
C'est ça, un KO ?

Ma mère vient de rentrer, je l'entends râler dans la cuisine : j'ai oublié de faire la vaisselle et de balayer...

Je connais la suite : elle va débarquer comme une furie dans ma chambre, va me traîner dans la cuisine et hurler.
Comme d'habitude.

Et puis mon père va rentrer, il va prendre une bière et il va s'affaler sur le canapé .
Comme d'habitude.

Mais ce soir je m'en fous : c'est décidé demain je pars...

Aujourd'hui, j'ai 1 an...

Moi – j'ai 1 an

Maman était très gaie ce matin quand elle m'a levée.

Elle chantait, elle riait.

Ça m'a fait rire aussi.

Je me sens bien ici, j'ose même penser parfois que je suis heureuse.

J'arrive presque à croire aux mots magiques : Maman, Papa...

Personne n'est revenu pour m'emmener ailleurs depuis longtemps.

On est là, tous les 3...

J'étais un tout petit bébé quand je suis arrivée ici, maintenant j'ai grandi et Maman est très fière de dire à ses copines tous les progrès que je fais : j'essaie même de manger toute seule à la cuillère !

J'aime quand Papa revient le soir et me prend dans ses bras, là-haut, si haut...

Il est grand, MON Papa.

Maman est plus petite, elle adore me faire plein de bisous sur le ventre : « P'tit bidon p'tit bidon d'amour » elle chantonne...
C'est doux et ça chatouille...
C'est tendre et c'est bon...

Je mange beaucoup pour lui donner envie de faire des bisous à mon bidon tout rond...
Après la sieste aujourd'hui, la maison était pleine de ballons de toutes les couleurs.
C'était beau...

J'ai essayé de les attraper en marchant mais je ne suis pas douée et je suis tombée sur les fesses plein de fois !
Alors Maman m'a tenu la main et on est allées en chercher un toutes les 2.

J'étais tellement contente que je me suis serrée très fort dans ses bras et j'ai caché mon visage dans son cou.
Il sent bon, le cou de MA Maman...

Après , Maman m'a changé de robe et elle m'a fait une jolie coiffure avec des couettes et des rubans rigolos.
Et puis, elle m'a assise sur ma chaise dans la cuisine et elle m'a fait un énorme bisou.

Moi, je la regardais, elle virevoltait dans la cuisine, son tablier était tout plein de taches de toutes les couleurs : c'était trop joli !

Et puis on a sonné à la porte, Maman a enlevé vite fait son tablier, elle m'a prise dans ses bras et on ouvert la porte.

Ma tête tournait un peu là...

Derrière la porte il y avait mes 2 papys et ma mamie, ils avaient l'air tout joyeux !

On m'a passée de bras en bras, j'étais toute collante de bisous

quand Maman m'a reprise dans les siens.
Et puis Papa est arrivé aussi et m'a fait un câlin encore plus gros que les autres jours.

Et puis on s'est assis à la table et on a posé un gros gâteau avec 1 bougie allumée devant moi : j'ai compris !

Aujourd'hui, j'ai 1 an... J'avais envie de rire et de pleurer à la fois...

Elle- renaissance

Cet après-midi, j'ai erré dans les rues de Paris.

Je ne savais pas consciemment où j'allais et puis je me suis retrouvée devant la maternité...Terrible....
J'ai eu un étourdissement, il a fallu que je m'assoie par terre, les images se bousculaient dans ma pauvre tête, images floues mais vives.

Je croyais avoir tiré un grand trait sur tout ça, mais j'ai brusquement compris que c'était impossible d'oublier.
Ça serait comme de m'oublier moi-même.
J'ai eu une très brève envie d'appeler ma mère...

Pour quoi faire ?
Depuis que je suis partie de chez eux, mes parents refusent de me parler.
Comme si je les avais trahis.
Sauf qu'il n'y avait rien à trahir : pas d'amour, pas d'écoute, pas de tolérance.
Enfin, il me semble...

Et puis ils m'en veulent d'avoir préparé mon départ « en douce » comme dit ma mère, de leur préférer mon amie d'enfance...de ne pas les avoir prévenus de ma décision de les quitter et de les mettre devant le fait accompli...

Sophie était stupéfaite de m'entendre après toutes ces années !

Quand elle m'a ouvert sa porte, elle est restée un moment immobilisée, le temps de relier ses souvenirs d'adolescence avec la réalité de maintenant.

C'est vrai que je devais avoir une tête à faire peur : maigre, des cernes violets, d'une propreté douteuse, et surtout si triste....

C'est ça qui l'a choquée le plus, ma tristesse.

Elle a ouvert ses bras et son cœur à la ridicule petite « chose » que j'étais devenue.

Elle m'a offert gîte et couvert, malgré la petitesse de son studio d'étudiante et son budget sévèrement calculé.

Sophie... ou la preuve que l'amitié est plus forte que tout, ou la preuve que l'amitié sincère n'est pas vaine...
Au début, j'étais tellement mal que je ne bougeais pas de la journée, je restais prostrée devant la fenêtre des journées entières.

Petit à petit, Sophie et ses parents m'ont ramenée à la vie, m'ont réconciliée avec moi-même.

Ils m'ont laissé le temps de refaire surface, puis gentiment mais fermement m'ont tourné la tête vers l'avenir.

Je vais finalement passer mon bac, par correspondance et avec le soutien constant du père de Sophie.

Je songe à m'inscrire en psycho...

Où es-tu petit bébé né de mon corps il y a 1 an ?

Aujourd'hui, pour la première fois depuis des mois, j'ai eu envie de sentir dans ma main celle de la nurse en tenue bleue...

Maman m'a fait des couettes

Moi – se séparer...

J'ai beaucoup pleuré aujourd'hui.

J'ai beaucoup crié aussi.

J'ai appelé « Maman » tellement longtemps et tellement fort que j'ai mal à la gorge maintenant.

Ce matin, je suis allée à l'école pour la première fois.

J'étais contente et excitée parce que Maman et Papa m'avait dit que c'était super, que j'allais jouer et avoir plein de copines et de copains.

Maman m'avait mis une jupe à carreaux et un gilet rouge.

Elle m'avait fait deux couettes avec des papillons sur les élastiques.

Papa m'a fait un gros câlin avant de partir au travail, et m'a dit :

—Amuse-toi bien ma princesse et ce soir tu me racontes tout, hein ? »

Après le déjeuner, on est parties Maman et moi, à pied.
Je tenais fort la main de Maman, je commençais à avoir un peu peur, je ne savais pas pourquoi.

Maman l'a senti, elle s'est arrêtée de marcher et s'est agenouillée devant moi pour me rassurer : « Ne t'inquiète pas mon petit cœur d'amour, tu vas voir, tu vas te régaler à l'école et même qu'à midi quand je reviendrai te chercher, tu ne voudras plus partir ! »

Je n'ai pas tout compris mais dans mon cœur il y a eu un pincement.

J'ai tendu les bras vers Maman pour qu'elle me porte et on est arrivées comme ça à l'école.

Il y avait plein de gens devant l'école : des papas, des mamans, des enfants, des papys et des mamies...

Une dame était devant la porte, elle avait un grand sourire et elle faisait entrer les enfants dans l'école.

Maman s'est approchée d'elle et lui a dit :

—Bonjour, je vous amène ma fille Leïla, c'est son premier jour de classe ».

Elle nous a fait entrer et Maman m'a reposée par terre.

Elle a pris ma main dans la sienne et m'a présentée à la maî-tresse: elle s'appelle Odile.

Odile m'a dit bonjour et m'a pris la main pour aller m'asseoir avec d'autres enfants à une petite table ronde.
Maman m'a accompagnée et elle est restée un petit moment avec nous.

Il y avait d'autres mamans et des papas aussi.

Et puis, Odile leur a fait un sourire et les parents nous ont fait des bisous et ont dit :

—A tout à l'heure ! Amusez-vous bien et soyez sages ! »

J'ai eu froid, j'ai eu peur, j'ai regardé Maman partir et j'ai commencé à hurler...

Elle – vers l'avant

J'ai décidé de ne plus avoir aucun contact avec mes parents pendant un certain temps.

Chaque fois que j'entends ma mère, j'en ai pour plusieurs jours à me remettre et des envies de suicide reviennent me hanter...

J'ai essayé de discuter avec mon père, seul en ville, mais rien à en tirer...

C'est désespérant...

Cet été, j'ai commencé à travailler dans un magasin de jouets.

Un job d'été comme ça, au hasard d'une petite annonce...

J'étais heureuse et légère, mon Bac en poche.

Sophie et ses parents étaient très fiers de moi et ils m'ont offert une superbe gourmette avec mon prénom gravé... comme pour marquer mon retour dans le monde des vivants...

Une ombre a survolé mon bonheur, gourmette et et bébé vont bien ensemble...

Ils ne s'en sont pas rendu compte heureusement et ont mis mes larmes sur le compte de l'émotion.

Du reste, je n'ai confié ni à Sophie ni à ses parents cet épisode de ma vie...

Pas vraiment par honte, mais c'est mon jardin secret, ça ne regarde que moi.

En définitive, j'ai réalisé que les études n'étaient pas faites pour moi, rien à faire, entrer dans une salle de classe me fait paniquer.

Alors quand le vieux propriétaire du magasin de jouets m'a proposé de rester en CDI, j'ai tout de suite sauté sur l'opportunité !

Sûrement un clin d'œil du destin...

Il est gentil, ce monsieur, il est comme un papy pour moi...

Et au-dessus de la boutique, il y a un petit studio qu'il me loue pour trois fois rien.

La chance me sourirait-elle ?

Je reste méfiante.

J'y ai cru tant de fois déjà...

Le dimanche, je sors me promener, je flâne sans penser à rien, je discute avec les paumés, les punks, les pêcheurs amateurs...

La journée s'écoule sans me laisser le temps de penser trop...

Parfois je m'assieds sur un banc dans le parc et je lis, ou je regarde les enfants jouer dans l'herbe avec leurs parents...

Et puis je rentre, lentement, sans me poser de questions inutiles...

Un jour, puis l'autre, puis l'autre...le moins pire possible...

Mais pour la première fois, j'ai eu l'impression d'être de trop

Moi – la menace

Ce soir, au retour de l'école, Maman m'a dit : « J'ai une bonne nouvelle, je te la dirai tout à l'heure, quand Papa sera rentré ! »
Je me suis tout de suite méfiée, mais j'ai fait semblant de rien...
J'ai avalé mon goûter et puis j'ai fait mes devoirs avec Maman.

C'est dur la lecture mais j'aime bien les mots, je suis contente d'apprendre à écrire, c'est beau les lettres...
Papa est arrivé et Maman a sauté dans ses bras !
J'ai sauté aussi, je voulais être de la fête !

Mais pour la première fois, j ai eu l'impression d'être de trop, je ne sais pas le dire, mais ils étaient heureux pour quelque chose que je ne comprenais pas.
Alors je suis allée jouer dans ma chambre, j'ai bercé ma poupée en suçant mon pouce...

Et puis mon Papa et ma Maman sont venus me chercher et m'ont pris dans leurs bras, un énorme câlin à trois...

Et puis ils m'ont dit : « *Regarde, petite princesse Leïla, c'est ton petit frère, il s'appelle Tom, il est beau, hein* ? »
J'ai regardé la photo du bébé.
J'ai eu tout froid partout dans mon corps.
J'ai eu tout mal partout dans mon cœur.
Je suis partie en courant et je me suis enfermée dans la salle de bain.
Je me suis roulée en boule dans la baignoire et j'ai pleuré, pleuré ...

Si Papa et Maman veulent un autre enfant, c'est sûrement parce que je les ai déçus.
Qu'est-ce que je vais devenir maintenant, est-ce qu'ils vont m'envoyer dans un foyer, comme Véronique, la petite fille toute triste de ma classe ?
Maman a beau me dire que je suis sa petite fille d'Amour pour toujours, je n'arrive pas à la croire.
Papa m'a gardé sur ses genoux tout le temps du dîner, il était triste parce que je ne mangeais pas, mais la seule chose que je

veux ce soir c'est des câlins et des bisous, encore un peu pour moi, avant que « l'autre » vienne prendre la place...

Maman m'a couchée et elle m'a raconté une belle histoire, elle m'a chanté une chanson et elle m'a dit 1000 « je t'aime ».
Papa m'a donné un dessin : la princesse Leïla et ses « parents pour toujours », il m'a embrassée très très fort...
Je n'arrive pas à dormir, quelque chose dans ma poitrine me fait mal...
Quand je ferme les yeux, je vois une dame en bleu mais pas son visage. Je ne sais pas qui c'est, mais elle me rassure.
Je ne veux pas que Papa et Maman oublie de m'aimer, j'ai peur...

Elle – à petits pas

Le vieux monsieur ne peut plus travailler, ni vivre tout seul.
Il va partir en maison de retraite.
Ça me rend triste. Il est devenu vraiment mon papy, ce monsieur, en tout cas le papy que j'aurais aimé avoir...

Je n'ai jamais connu mes grands-parents, ni paternels ni maternels.
Ils sont tous morts bien avant ma naissance je crois, mes parents n'ont jamais voulu m'en parler, comme s'ils en avaient honte.

Alors là, le départ du papy que mon cœur a choisi, c'est dur pour moi.
J'ai l'impression que je vais à nouveau me retrouver seule.
J'ai toujours Sophie et ses parents bien sûr, mais ce n'est pas pareil.
Et puis Sophie vit avec son copain maintenant, ils parlent de mariage, de bébé...
Je sais que c'est normal, mais j'ai du mal à l'accepter.
On se voit un peu moins souvent du coup...

Je me suis inscrite à la bibliothèque du quartier, j'y passe de longues heures quand je ne travaille pas.
Je me suis un peu liée avec les employés, ils sont sympas, ne posent pas de questions.
Je leur donne un coup de main quand ils préparent une expo, une soirée spéciale...

Mais le soir, je me retrouve souvent seule, je grignote devant la télé, j'évite de trop penser...

Parfois, je vais faire un tour dans la rue avant que la nuit ne tombe, je regarde les vitrines, je rêve un peu.
Quelquefois, des garçons me draguent, mais je m'enfuis : le souvenir de Fred est trop fort encore, trop douloureux...
Je ne l'ai plus rencontré depuis la dernière fois, heureusement. .
Parfois, je revois des copines du bahut qui me donnent de ses nouvelles.
Je sais que Clara l'a largué pour un mec à fric...
C'est vraiment une pauvre fille.
Je sais qu'il passe d'une fille à l'autre, sans arrêt.
Fred, c'est le mec incapable d'aimer quelqu'un d'autre que lui, ça je l'ai compris...enfin, trop tard !

Moi, je ne suis pas pressée de retomber amoureuse.
Parfois je traîne du côté de la maternité, comme ça, des fois que la nurse en bleu sorte et me reconnaisse...
Je ne vois plus du tout mes parents.
J'essaye d'avancer pas à pas, de trouver mon rythme.
J'aimerais tant pouvoir être fière de moi...

On est allés voir la dame pour parler....

Moi – et Tom

Tom est à la maison depuis Noël.

C'est comme si c'était le petit Jésus !

Papa et Maman disent que ça a été très long, de l'attendre : toute mon année de CP, plus les grandes vacances et le début du CE1...

Ils disent aussi que heureusement j'étais là pour les aider à attendre.

Je ne suis pas partie au foyer comme Véronique, elle, elle est toujours là-bas et moins triste depuis qu'on est meilleures copines.

Papa et Maman m'ont emmenée plusieurs fois chez une dame pour parler de l'arrivée de Tom.

C'est vrai que je pleurais beaucoup, je ne mangeais plus rien et je ne parlais plus.

La maîtresse s'est inquiétée et elle a convoqué Papa et Maman.
Après on est allés voir la dame pour parler.
Elle m'a fait dessiner, jouer, ne m'a pas obligée à parler.
J'ai commencé à me sentir mieux, c'est une magicienne cette dame !

La dernière fois que Maman m'y a emmenée, elle m'a donnée une carte avec son numéro de téléphone, pour pouvoir l'appeler quand je voulais.

Alors quand Papa et Maman m'ont laissée chez mamie pour partir loin loin loin chercher Tom, j'ai tellement pleuré que ma mamie m'a proposé de lui téléphoner.
J'ai parlé longtemps avec elle au téléphone.

Je n'ai plus pleuré après, mais j'étais un peu triste quand même.

Et puis avec mamie on a décoré la maison, on a fait un beau sapin, et plein d'étoiles dans du papier doré.

J'ai eu le droit de ne pas aller à l'école, même la maîtresse était d'accord !
Mamie m'a emmenée voir les vitrines décorées pleines d'automates, c'était beau !!!

On a été acheter un cadeau pour l'arrivée de Tom.
C'est moi qui l'ai choisi : un tout joli nounours en peluche avec une casquette à carreaux...

Mamie était contente, elle m'a fait un énorme câlin bisou et elle m'a offert une gaufre au chocolat, j'en avais partout et ça a fait rire mamie.
Mamie, elle est géniale, je l'aime très fort...

L'année prochaine, j'emmènerai Tom avec nous voir les vitrines de Noël...

Quand l'avion de Maman, Papa et Tom a atterri, on était tous là à les attendre : mes papys , ma mamie et moi, une main dans celle de mamie.

Quand je les ai vus arriver, j'ai éclaté en sanglots et j'ai couru vers eux.

Mon Papa à moi m'a prise dans ses bras et m'a serrée tellement fort...

Et puis Maman pareil.

Et puis j'ai enfin osé regardé Tom : il m'a fait un grand sourire et m'a tendu les bras.

Tom , mon petit frère Tom...Je t'aime, petit Tom...

Elle – avancer, avancer

Et voilà, plus de papy dans la boutique de jouets...

Je me suis demandé si j'allais devoir partir, mais ses enfants m'ont proposé de prendre la gérance du magasin...

J'ai hésité, j'avais trop peur de ne pas savoir faire.

Mais je suis allée voir le père de Sophie et il m'a expliqué à quoi je devrais faire face.

Il m'a encouragée à accepter et m'a assuré qu'il m'épaulerait.

Alors j'ai bien réfléchi et j'ai dit « oui ».

Le père de Sophie est génial, il vient tous les mois et on voit ensemble les cahiers de compte, les commandes, etc...

C'est drôle de penser que c'est moi la « patronne » de ce magasin.

J'ai tout juste 23 ans...

Hier un jeune homme est venu dans la boutique, il cherchait un jouet pour sa petite sœur.

Il m'a expliqué que ses parents venaient de l'adopter, qu'elle avait 8 ans et que ça faisait 6 ans qu'elle vivait dans un orphelinat, au Chili je crois.

Ça m'a fait un pincement au cœur...

Il était content, lui aussi avait été adopté, mais avec plus de chance parce qu'il était tout petit quand il était arrivé chez ses parents.

Il m'a raconté que ça faisait très longtemps que ses parents en rêvaient mais que ça n'avait pas été facile d'y arriver...

Je n'écoutais qu'à moitié ses paroles, pour ne pas avoir envie de pleurer, mais je l'ai aidé avec plaisir à choisir un jouet pour sa sœur.

On a opté pour une poupée aux cheveux bouclés, toute douce, et qui disait : »Bonjour petite Maman, je t'aime ! ».

Il a aussi acheté une jolie coiffeuse en bois, très romantique...

J'avoue que j'ai craqué sur son sourire, et son plaisir de choisir des cadeaux pour sa petite sœur était si touchant...

Il doit revenir demain chercher tout ça...

Je dois reconnaître que j'ai vraiment envie de le revoir.

Quelque chose en lui est si doux, si sincère...

Mais je ne veux plus tomber amoureuse...

Ce doit être l'approche des fêtes de fin d'année qui me rend nostalgique...

Mon petit frère et moi, on ne se quitte plus !

Moi – grandir

Mon petit frère et moi, on ne se quitte plus !

Il est trop gentil, il est entré au CP cette année et il est très fort !

Je suis fière de lui et je le défends toujours quand on est méchant avec lui.

On ne se ressemble pas du tout : moi, je suis brune et les cheveux bouclés, lui il est brun mais ses cheveux sont tout raides et ses yeux sont bridés : il est né au Vietnam.

Moi, je suis née en France, mais ma mère ne voulait pas de moi, elle ne m'a même pas regardée, elle ne m'a pas donné de nom...

Pour Tom, je ne sais pas trop, je crois que sa maman n'avait pas d'argent alors elle ne pouvait pas le garder avec elle.

Elle l'a abandonné pour le sauver...

Moi, ma mère ne me voulait pas, c'est tout...

Pourquoi on ne veut pas de son enfant ?

Pourquoi on rejette le bébé qu'on a porté dans son ventre 9

mois ?

Des fois, je lui en veux, je suis en colère.

D'autres fois, je me dis qu'elle devait être très malheureuse pour abandonner son bébé.

Maman et Papa ne savent pas ce qui s'est passé:je suis née « sous X » comme on dit, ça veut dire que je ne saurai jamais qui est ma mère.

Je sais qu'il y a un cahier dans le tiroir du secrétaire de Maman, un cahier de quand je suis née.

Un jour, j'aurai le courage de le regarder... peut-être...

Tous les quatre, on est bien, même si des fois ça râle un peu...

Ma meilleure copine, c'est Véronique, elle vit dans une famille d'accueil maintenant, elle dit que c'est mieux, mais il lui arrive de pleurer le soir quand elle vient dormir chez moi.

Elle voudrait voir ses parents, mais pour l'instant elle n'a pas le droit, je ne sais pas pourquoi.

Ils ont sûrement fait quelque chose de grave...

Quand je lui ai dit que j'étais adoptée, elle ne m'a pas cru au départ et puis elle a vu à mon air que je ne mentais pas.

Depuis on est amies pour la vie...

Elle était tellement contente quand mon petit frère est arrivé : elle disait :

— On est pareilles, toi et moi, on est des morceaux de famille, on est comme un puzzle ! »

Et puis on a juré d'être « sœurs - puzzle » pour la vie !
Toutes les deux, on est inséparables et on partage tout !

Elle – réminiscence

Le magasin tourne vraiment bien.
Je crois que les gens qui viennent le font autant pour moi que pour ce que je vends.
Ils disent que je suis calme, douce...
J'ai dû bien changer !!!
C'est vrai que je vais beaucoup mieux depuis que j'ai rencontré Xavier.
Quand il est revenu chercher les jouets pour sa petite sœur, il

m'a invité à prendre un café, comme ça, pour me remercier de l'avoir aidé à choisir.

On a discuté longtemps, longtemps...

Après cette belle soirée, je ne l'ai pas revu pendant plus d'un mois.

Et un jour, il est arrivé dans la boutique, avec une petite fille très brune, très jolie, qui lui donnait la main.

Très fièrement il me l'a présentée : « Voici Luna, ma petite sœur... »

Il était fier en la regardant...

Il m'a dit qu'elle avait 8 ans 1/2...8 ans 1/2 !!!...

Je les ai regardés et...j'ai éclaté en sanglots...Je n'arrivais pas à m'arrêter...

Pauvre Xavier !

Il ne savait pas quoi faire...

C'est Luna qui m'a pris la main et qui m'a entourée de ses bras, comme ça, sans rien dire, sans me connaître...

Je me suis calmée enfin et je leur ai offert un bout de gâteau et un café dans l'arrière-boutique...

Je regardais Luna et j'avais envie de revenir en arrière, de tout recommencer...

J'ai réalisé ce que j'avais perdu ce jour-là, alors que j'avais 16 ans...
C'était dur, affreusement douloureux...
Et en même temps, j'avais terriblement conscience que je n'aurais pas pu faire autrement...
Dans ma tête, ça défilait : Fred, ma mère, mon père, mon gros ventre, Clara,ma peur, ma honte...
Et puis...le bébé...
Ce bébé que je n'avais pas voulu regarder, toucher, sentir, nommer...
Ce bébé dont j'espérais qu'elle ne manquait de rien et surtout pas d'amour...
Je me suis excusée auprès de Xavier, je lui ai promis de lui expliquer un jour prochain.
J'ai remercié la petite fille et je l'ai embrassée très fort.
Je lui ai donné un joli porte-monnaie en forme de coccinelle et à Xavier un porte-clefs en bois d'olivier.
Il a pressé doucement mon épaule et ils sont partis main dans la main...
Je n'ai pas tardé à fermer la boutique et je suis montée chez moi, rompue de fatigue et d'émotion...

Je crois que je voulais retourner à l'école.

Moi – famille(s)...

Au collège, j'ai du mal à m'habituer au rythme.
Je préférais l'école, les petites classes, les maîtresses qui faisaient attention à nous...
Ici , il y a trop de monde, personne ne connaît personne.
J'ai toujours du mal à y aller le matin, pourtant je suis déjà en 4ème !

Papa et Maman ont un peu de mal à comprendre ce que je ressens mais ils ne me grondent pas, ils essaient de m'aider.

Quand j'étais en 6ème, j'ai eu tellement peur que je collectionnais les mauvaises notes et les observations sur mon carnet : je ne participais pas et je ne travaillais pas.

Je crois que je voulais retourner à l'école.

Et puis Maman m'a emmenée revoir la dame que j'avais rencontrée quand Tom est arrivé, et je me suis sentie mieux après.

Mais je n'aime pas le collège, les élèves ne sont pas sympas entre eux, ils sont toujours à se moquer, à faire la course au « meilleur élève » !

Moi je m'en fous d'être la meilleure...

Véronique aussi, elle s'en fiche, du moment qu'on est dans la même classe et qu'on reste meilleures amies...
Pour nous motiver, mes parents et sa famille d'accueil se sont mis d'accord : on fait les devoirs ensemble tous les week-end, chez elle ou chez moi.

La prof de français nous a demandé de faire une rédaction sur l'histoire de notre famille, l'origine de notre nom, tout ça...

Véronique et moi, on ne savait pas quoi raconter : elle parce que je crois qu'elle a honte de ses parents, moi parce que je suis adoptée.

Je n'osais pas en parler avec Papa et Maman, j'avais trop peur de leur faire de la peine...
Mais ils ont bien vu que j'étais inquiète, alors je leur ai tout raconté.

Ils ont été super, ils m'ont dit que le plus simple pour moi ce serait de parler de ma famille d'adoption mais que je faisais comme je voulais, au fond de mon cœur.
Véronique, elle, a parlé de sa famille d'accueil, parce qu'ils sont super gentils, comme une vraie famille.
On a toutes les deux eu une bonne note, la prof a dit que nos textes étaient pleins d'émotion.

Il y a eu des élèves jaloux...

Tant pis pour eux, ils ne peuvent pas comprendre, ils ne veulent même pas essayer de comprendre.

Papa et Maman disent que ça fait peur, la différence...

Je me demande qui était ma mère de naissance.

Je me demande si c'est la dame en bleu dont je rêve parfois...

Elle – espoir

Depuis quelque temps, je me reprends à chanter...

Je sais que ce n'est pas seulement à cause du soleil et des jours qui rallongent...

Ma vie est rythmée par les visites de Xavier et son sourire.
Nos balades le long des quais...
Nos discussions sans fin dans le petit salon de thé, au coin de la rue...

Après sa première visite avec Luna, je ne voulais plus le revoir.

Des idées de mort sont revenues me hanter, des bouffées de honte, un dégoût de moi-même...

Peu à peu, j'ai compris que seule je ne pourrai pas m'en sortir, alors j'ai pris mon courage à deux mains et j'ai décroché le téléphone.

Cette adresse, c'est le papy du magasin qui me l'avait glissée un jour où il me trouvait trop triste.
Je l'avais mise de côté, trop fière..ou trop lâche pour admettre que j'en avais besoin.
Mais là, je ne pouvais plus reculer, si je voulais enfin donner un sens à ma vie...

Alors j'ai lentement composé le numéro et une femme a décroché : Sa voix était chaleureuse, elle m'a plu tout de suite.

Je l'ai rencontrée le lendemain et depuis je me sens mieux de jour en jour...

Cette femme ne me juge pas, elle m écoute, me suggère des « pistes » pour mieux me comprendre moi-même, accepte patiemment mes mutismes et mes énervements.

Elle me persuade peu à peu de mon droit au bonheur, du bien-fondé de mon existence.

Le jour où je lui ai parlé du bébé, je chuchotais, j'avais tellement honte...

Elle m'a encouragée à pleurer...
Je n'ai pas pu, je me suis enfuie...

Elle m'a envoyé un texto, m'a exhortée à revenir ou du moins à l'appeler ou lui écrire.
Elle m'a dit qu'elle serait là pour moi, à n'importe quel moment...

Cette nuit-là, je l'ai passée dehors, le long des quais, le fleuve à portée de saut...
J'ai pleuré, j'ai crié dans le noir, j'ai réfléchi aussi, beaucoup...

Et le lendemain, je suis revenue chez la psychologue...
Elle m'a ouvert sa porte, m'a conduite dans son bureau et m'a offert un café et un croissant.

J'ai parlé longtemps, si longtemps...
Je suis repartie épuisée, mais soulagée, tellement soulagée...

Je suis rentrée à la maison, j'ai mis la pancarte « fermeture exceptionnelle » sur la porte du magasin et je me suis couchée...

J'ai dormi jusqu'au soir.

Je me suis réveillée à la nuit tombante et j'ai appelé ma mère.

Impossible de continuer ma route sans mettre les choses au clair de ce côté-ci...

Ils me disent aussi de ne pas oublier de m'amuser et de rire....

Moi – devenir femme ?

A la fin de l'année, il va me falloir quitter le collège.

Je sens que c'est une étape dans ma vie.
Je ne sais pas quoi faire comme métier.

Je n'ai pas vraiment envie d'aller au lycée, mais j'ai peur de me tromper d'orientation.

On en parle souvent avec Véronique, le soir autour d'un pot de chocolat, ou le samedi après-midi, quand on se balade dans Paris.

Elle non plus n'a pas trop d'idée pour l'avenir.
Je crois que ça nous fait peur de devenir des femmes...

Peut-être à cause de notre passé ?
De nos familles qui ne sont pas « nos familles » ?

Maman et Papa ont pris rendez-vous avec le conseiller d'orientation pour faire le point.
Ils me rassurent, ils me disent que je ne dois pas me presser ni me stresser, que je n'ai que 14 ans et bien le temps de devenir adulte.

Ils me disent de travailler le mieux possible pour avoir tous les choix possibles.

Ils me disent aussi de ne pas oublier de m'amuser et de rire...

Tom est encore à l'école, lui , il a de la chance !
Et en plus, il aime ça, le travail scolaire !

Plus tard, il veut être docteur et partir soigner tous les enfants pauvres et malheureux dans les pays sous-développés.

Il est très calé en géographie et en histoire, il regarde sans arrêt les reportages à la télé.

Une fois, il m'a confié : « Peut-être qu'un jour je reconnaîtrai mes parents à la télé... »

Il m'a fait jurer de ne pas le répéter à Papa et Maman, croix de bois croix de fer !

Je n'ai rien dit...

En secret, j'espère qu'il ne les retrouvera pas, j'aurais trop peur qu'il reparte là-bas...

Mon petit frère, autant j'ai eu peur qu'il arrive, autant je veux qu'il reste pour toujours.

Je l'aime tellement, Tom...

Le jour où j'ai eu mes premières règles, il n'y avait que lui à la maison.

J'étais bien prévenue, et pourtant je ne savais pas quoi faire, j'étais envahie d'angoisse...

C'est Tom du haut de ses 8 ans qui m'a aidée à me calmer et faire le nécessaire...

Avoir ses règles, ça veut dire qu'on peut avoir un bébé...et moi j'en veux pas !

Elle – construire

Ma mère et mon père essayent enfin de m'accepter comme je suis.
On a beaucoup parlé de l'année de mes 16 ans, de leur souffrance et de la mienne.

Ils m'ont expliqué quelques « trous noirs » de notre vie de famille : un bébé mort à la naissance et que je n'ai jamais connu, ni même soupçonné l'existence.
La dépression de ma mère et la chute dans l'alcool de mon père.

L'impossibilité alors de continuer à vivre normalement et de m'aimer sans avoir l'impression de trahir ce petit frère.

Je comprends un peu mieux mais je leur en veux malgré moi d'avoir dû m'élever presque seule, sans personne pour me mettre en garde ni me protéger.

On a beaucoup parlé tous les trois, on a beaucoup pleuré, on a passé quelques nuit chez eux à discuter, se taire, se regarder, ne pas dormir.

Je crois qu'on va finir par s'accepter.

Quand je me suis retrouvée enceinte, je crois que ça a été trop violent pour mes parents, l idée d'un bébé dans notre famille leur était insupportable.
Ils n'ont pas pensé à ce que je vivais, moi, à ma détresse ni à ma peur...

Alors ils m'ont détestée et rejetée.

Sans rien pouvoir ni vouloir m'expliquer...jusqu'à aujourd'hui

Maintenant c'est à chacun de nous de régler ses propres problèmes, de trouver ses propres solutions...

Peu à peu, chacun de nous retrouve le droit de respirer sans en avoir honte.

Le droit de vivre, de rire, d'aimer, même de pleurer.

Ce qui n'empêche pas les douleurs, les regrets, les rancunes...
Peut-être qu'un jour, on réussira à se dire qu'on s'aime ?
Peut-être qu'un jour, ils me raconteront leurs propres parents, dont je ne sais toujours rien ?
Peut-être qu'un jour, quand ma propre histoire sera claire dans ma tête, je pourrais construire une vie à deux...

C'est trop tôt encore, mais j'y pense sérieusement.

Parfois, le soir, seule dans mon lit, je ferme les yeux et j'imagine...

Une main d'homme dans la mienne, des enfants qui courent

dans le jardin un peu sauvage, une maison fleurie, un peu tordue, pleine d'histoires de vies...
Parfois, je me relève, j'ouvre un grand cahier et j'écris mes rêves.

Je n'ai jamais montré ce cahier à personne...

Sophie s'est mariée il y a 2 mois, c'était un mariage gai, qui respirait le bonheur et l'avenir plein de promesses...
J'étais fière d'être le témoin de mon amie, mais si triste aussi, comme si je la perdais pour toujours.

Elle m'a lancé son bouquet en me disant : « t'inquiète, il se conservera le temps nécessaire... »

Xavier m'a souri...

J'ai enfoui ce sourire dans mon cœur, au plus profond...

Je ne vous quitterai jamais, mais j'aimerais bien en savoir un peu plus sur mes origines...

Moi – vers demain

Finalement me voici au lycée, après beaucoup d'hésitations... Mais je n'avais envie de rien de particulier, alors il valait mieux être raisonnable...

Le problème, c'est que Véronique est partie en orientation professionnelle, elle...
Elle me manque...

Ici, c'est plutôt cool : l'ambiance est bonne et les profs assez proches.
Mais je suis un peu « sauvage », je me méfie beaucoup des autres.

Heureusement je ne suis pas interne.
je n'aurais pas survécu à l'internat !

Une nuit loin de chez moi chez Véronique, ça va, mais ailleurs, c'est l'angoisse !
J'ai choisi la filière « économique et sociale » je me vois bien travailler avec les enfants en difficultés, éducatrice spécialisée pourquoi pas ?

Quand on se voit, avec Véronique, on s'invente un avenir à deux : elle animatrice et moi éducatrice : on dirait aux futurs patrons : « *C'est nous deux ou rien ! A prendre ou à laisser* ! »

On s'en fait des délires de folles !!!

Mais dans le fond on sait bien que la vie ce n'est pas comme ça que ça se passe.

On sait bien qu'un jour on sera beaucoup plus éloignées que maintenant.

Ça nous fait pleurer des fois, le soir dans le noir...

Véronique a revu ses parents il y a quelques semaines.
Elle m'a téléphoné en revenant, elle était en larmes, elle était

déçue, elle était choquée...

Je n'ai pas eu les détails de leur entrevue, mais j'ai compris que Véronique s'était sentie rejetée, que ses parents n'avaient aucune envie de renouer des liens avec elle...

Est-ce que ce serait pareil pour moi si je retrouvais ma mère de naissance ?

Parfois, avec Tom on parle de nos familles d'origine, on se pose pas mal de questions, on ne sait pas trop si on a envie de les retrouver...

Tom est mon petit frère, mais qu'est-ce qu'il est intelligent !!!
Il réfléchit beaucoup, Tom, il pose plein de questions, il veut toujours être médecin et soigner les malheureux.
Je l'admire, mon petit Tom de frère, il est toujours présent pour moi.

Comme moi pour lui d'ailleurs...

Parfois, quand on est tous les deux collés l'un à l'autre sur le canapé devant la télé, j'aperçois Maman ou Papa qui nous regardent tendrement, satisfaits de ce tableau.

Papa et Maman, Tom, les amours de ma vie...
Je ne vous quitterai jamais, mais j'aimerais bien en savoir un peu plus sur mes origines...

En même temps, j'ai si peur...

C'est dur d'avoir 16 ans...

Elle – l'amour

Le soir de mes 30 ans, Xavier est apparu au magasin juste à la fermeture.

Il m'a donné un quart d'heure pour me faire belle et il a disparu avant que je puisse réagir.

J'étais inquiète et amusée, flattée aussi...

J'ai fermé en un tournemain, je suis montée me changer et un quart d'heure après j'étais prête, coiffée et maquillée discrètement, habillée de sa jupe préférée et légèrement parfumée...

Xavier est arrivé : mon Dieu qu'il était beau !...

Il portait une chemise bleu pâle qui faisait ressortir l'outremer de ses yeux...

Mon petit cœur tressautait dans ma poitrine et pour une fois je n'avais pas envie de le retenir.
Nous sommes partis à pied, main dans la main.
Il m'a emmenée dans un petit restaurant de Montmartre, où on a mangé des grillades au feu de bois.

A la fin du repas, les lumières se sont éteintes et les serveurs ont chanté en nous apportant un gâteau scintillant de bougies d'anniversaire...
C'était si merveilleux, si nouveau pour moi, si évident d'amour que je n'ai pu m'empêcher de pleurer, encore une fois...

Mais ces larmes-là n'étaient pas les mêmes, elles ressemblaient à une libération, à un début de vie...

Xavier m'a laissée pleurer tout mon soûl, rassurant les serveurs qui commençaient à craindre d'avoir commis une erreur.

Il m'a dit : « Je commence à te connaître tu sais... Je crois bien que je t'aime et que je veux faire ma vie avec toi. Mais je ne suis pas pressé. Simplement j'aimerais qu'un jour tu me fasses suffisamment confiance pour me raconter ta grande souffrance, celle que tu caches derrière ton sourire ou tes larmes mais que tu ne dis jamais... »

J'ai voulu répondre à travers mes larmes, mais Xavier a posé un doigt sur ma bouche...

Il a ensuite sorti de sa poche une petite boîte emballée dans un papier très romantique.

Je l'ai ouverte : elle contenait une magnifique chaîne en or avec un pendentif en forme de point d'interrogation...

Sous le bijou, de minuscules coquelicots de soie formaient un tapis rouge...

Nous avons déambulé dans les rues une partie de la nuit, sans rien dire d'essentiel, juste pour le bonheur d'être ensemble.

Puis Xavier m'a reconduite au pied de mon studio.

Il m'a serrée dans ses bras et m'a embrassée longuement, tendrement...

Dans le ciel, la lune m'a fait un clin d'œil...

Il y a 4 ans de ça maintenant...

Xavier est toujours là...

Je ne pourrai pas aimer tant que je ne saurai pas.

Moi – recherches

J'adore mes études d'éducatrice, je crois que j'ai vraiment trouvé ma voie !
Comme quoi, mes parents avaient raison d'avoir confiance, de me donner le temps...
Si tout va bien, dans un an je serai diplômée et je pourrai commencer à travailler...

Je suis beaucoup plus heureuse ici qu'au lycée, il y a des gens de toute sorte et de tous âges, on n'est pas des gamins dans la concurrence.

J'ai trouvé un groupe d'amis.

Je flirte un peu avec un garçon du groupe, Léo, mais ce n'est pas sérieux.

De toute façon, je ne veux pas m'attacher à un garçon.
Je ne veux pas me marier.
Je ne veux pas avoir d'enfant.
Mais avec Léo, je me sens bien, il ne me pose pas de questions, il aime comme moi s'asseoir sur un banc les soirs d'hiver et rêver en regardant le ciel...

Nous nous embrassons parfois, nous ne dormons pas ensemble.

Véronique a obtenu son CAP Petite Enfance l'année dernière.

Elle travaille dans un centre de loisirs, elle se régale !
Elle me dit qu'elle a l'impression de se rapprocher de sa propre enfance, que ça l'aide à cicatriser...

Elle n'a pas revu ses parents et elle ne le veut pas.
Mais ça la fait terriblement souffrir, comme un arbre sans racines...
Elle ne réussit pas à garder une relation amoureuse plus d'une semaine.

Elle a trop peur.

Parfois on joue au jeu des « morceaux de puzzle » perdus.
On l'a inventé ce jeu, quand on était plus petite, un peu après l'arrivée de Tom.
En fait, c'est un jeu où on se pose des questions mais où on doit inventer les réponses parce qu'on ne les connaît pas...

« Elle s'appelait comment ta mère ? »
« Pourquoi il t'aime pas ton père ? »

C'est un jeu qui fait mal en réalité.

Un de ces jours, il va falloir que je demande à Papa et Maman la vérité.
Il va falloir que je leur dise que je veux savoir et que j'ai besoin de leur aide.
Il va falloir que j'ouvre ce cahier rangé dans le secrétaire de ma mère.

J'ai si peur de les blesser.

J'ai si peur de me blesser.

Je ne pourrai pas aimer tant que je ne saurai pas.

Je ne pourrai pas m'aimer complètement non plus.

Ça va être très dur d'expliquer ça à Maman surtout...

Mais je sens au fond de moi que le moment de le faire est de plus en plus proche...

Elle – la vérité

Hier soir, je suis allée au restaurant avec Xavier.
Je lui ai parlé.

De tout.

Je tremblais, je n'osais pas le regarder dans les yeux, j'avais honte.

Honte de ce que j'avais fait.

D'autant plus honte que lui aussi est né « sous X ».
J'ai eu très peur qu'il me rejette et me déteste.

Dans ma main, je serrais très fort le pendentif de mes 30 ans.

Au fur et à mesure que je parlais, mes larmes coulaient, sans retenue.

Enfin je me suis tue, tête baissée, épuisée, sûre d'avoir perdu à jamais l'amour de ma vie.

En même temps, je sentais comme un soulagement, un allègement dans mon cœur...

Je me suis décidée à relever la tête personne n'était assis en face de moi.

Un froid mortel m'a saisi et j'allais hurler de désespoir lorsque quelqu'un a posé sa main sur mon épaule.

C'était Xavier, un bouquet de roses dans une main, un mouchoir dans l'autre...

Nous avons quitté le restaurant et avons marché le long de la Seine le reste de la nuit.

Non seulement Xavier n'éprouvait ni dégoût ni colère envers moi, mais il me remerciait de mes aveux.

Il me remerciait de lui avoir fait confiance.

Il me remerciait car à travers mon histoire, il entrevoyait celle de sa mère d'origine et cela tempérait la colère qu'il nourrissait envers elle.

On a longtemps discuté, c'est comme si on faisait tout à coup « vraiment » connaissance.

Et pourtant, il y a plus de 10 ans qu'on s'est rencontrés.

Sa petite sœur Luna a 18 ans, l'âge de mon bébé abandonné...

Quand je vois Luna, je me prends à rêver...

Luna, c'est comme ma petite sœur en fait, alors comment pourrais-je être la maman d'une jeune fille de son âge ?

De ça aussi, on a beaucoup parlé avec Xavier et on a conclu que peut-être c'était mieux pour cette petite fille...

A condition qu'elle ait été adoptée et que sa famille lui donne tout l'amour qui me faisait défaut à l'époque...

J'aimerais savoir ce qu'elle est devenue...

J'aimerais lui demander pardon...

Je voudrais être en accord avec moi-même avant d'épouser Xavier...

Honte de ce que j'avais fait.

Moi – le grand pas

Ça y est, je l'ai fait...

Il fallait bien que ça arrive un jour...

J'en avais à la fois peur et envie.

Il faisait doux ce soir-là, on avait travaillé longtemps à la bibliothèque tous ensemble.

Et puis, chacun était parti dans son coin et j'étais restée seule avec Léo.

Léo, mon ami, mon complice, si discret et si gentil.

Tout naturellement nos pas nous ont portés jusque chez lui, dans sa petite chambre d'étudiant, au 7ème étage d'un immeuble bourgeois de Paris.

Tout naturellement, nous nous sommes enlacés.
Tout doucement, Léo m'a déshabillée, allongée sur son lit et caressée.

Nous avons fait l'amour comme si c'était la chose la plus naturelle du monde, comme si nous étions nés pour nous aimer un jour...

Je me suis endormie dans ses bras...

Au petit matin, un rayon de soleil est venu me réveiller.
J'ai bondi, réveillant Léo en sursaut : je n'avais pas prévenu mes parents, je les avais totalement oubliés, prise dans notre élan d'amour.

On s'est habillés très vite et on a filé jusque chez moi...

Maman et Papa étaient fous d'inquiétude, ils avaient les traits tirés et les yeux rouges d'avoir pleuré.

Tom m'a lancé un long regard, lourd de reproche.

C'est ce regard qui m'a fait le plus mal...

Quand Maman et Papa nous ont vus, Léo et moi, debout dans l'encadrement de la porte, ils ont eu un sourire triste mais soulagé.

Maman m'a entraînée sans rien dire dans la cuisine et s'est assise en face de moi.

Elle a caressé mon visage du bout de ses longs doigts tendres et m'a enfin parlé :

— Ma Chérie, te voilà donc devenue une femme n'est-ce pas ? Je suis contente pour toi si tu es heureuse... Ne me refais plus aussi peur, je t'en supplie ».

Papa est arrivé dans la pièce avec Léo, ils se sont assis à la table et nous avons tous bu un café.

Je suis allée voir mon petit frère dans sa chambre.
Je ne voulais pas qu'il se sente exclu...

Je l'ai pris dans mes bras en silence, je lui ai juré que je ne l'abandonnerais jamais.

J'ai réalisé combien mon petit frère si sûr de lui était fragile et traumatisé au fond de son cœur...

Cette journée-là, une étape a été franchie.

Maintenant je ne peux plus reculer, je DOIS savoir...

Elle – Démarches

Je suis allée à la maternité.

C'était très bizarre de me retrouver là.

Il y avait des infirmières, des jeunes mamans, une ambiance douce de maternité.

Je suis entrée dans la nursery et là ! J'ai eu un éblouissement...

Entre mille, je l'aurais reconnue : ma nurse à la tenue bleue, ma nurse que je n'ai jamais oubliée...

Ses cheveux ont pâli et son visage s'est ridé, mais son regard indulgent est resté le même.

Je lui ai dit :

— Bonjour madame, je m'appelle Mathilde, j'ai accouché ici il y a 18 ans 1/2 , je n'ai pas gardé l'enfant, je n'avais que 16 ans... »

Elle m'a regardée et m'a répondu :

— Bonjour Mathilde, je suis contente de te revoir, je me souviens très bien de toi, tu étais si touchante et si perdue... »

On s'est donné rendez-vous dans un salon de thé en fin d'après-midi.

J'ai téléphoné à Xavier avant l'heure du rendez-vous, pour me donner du courage.

J'ai appelé ma mère aussi, et Sophie, à qui j'ai enfin tout dit... : toutes les deux m'ont encouragée, assurée de leur amour.

Ma mère !!! Quel chemin parcouru !!!

A l'heure dite, j'étais devant le salon de thé.

Elle est arrivée, tout en sourire et en tendresse.

Je me suis excusée de lui prendre du temps sur sa vie, mais elle a fait un geste de la main explicite...
Personne ne l'attendait...
C'était difficile de me raconter, de ne pas bafouiller, de ne pas craquer, de ne pas m'effondrer...
Elle a été adorable, patiente et attentive.

Notre entretien a duré plus de 3 heures, entre rires et larmes, regrets et espoirs...
D'après elle, mon bébé est partie à la pouponnière quelques

jours après sa naissance.

Elle espère qu'elle a été adoptée...

Mais elle ne peut pas me l'assurer : une fois les enfants sortis, ils n'ont plus de nouvelles, à la maternité.

Elle m'a conseillé de m'adresser à l'Aide Sociale à l'Enfance pour tenter d'en savoir plus, mais sans garantie.

Je vais essayer de les joindre...

Au moment de nous quitter, elle m'a dit :

— je suis heureuse de t'avoir revue, tu m'as immédiatement fait penser à ma fille, c'est pour ça que je ne t'ai jamais oubliée... Au fait, je m'appelle Solange... A bientôt, hein ? Donne-moi de tes nouvelles... »

Je l'ai embrassée fort et je lui ai glissé un « merci, merci 1000 fois... ».

Entre mille, je l'aurais reconnue : ma nurse à la tenue bleue, ma nurse que je n'ai jamais oubliée...

Moi – la retrouver

J'ai validé ma 2ème année, ouf !

Me voici avec un peu de temps devant moi pour effectuer mes recherches.

Maman et Papa ont très bien compris ma démarche : il s'y attendaient, ont trouvé ça normal.
Mais je sens un peu d'inquiétude dans leur comportement.
Moi aussi je suis inquiète, pas tout à fait pour les mêmes raisons : je sais que je ne les quitterai jamais, ce sont MES parents pour la vie !

Mais j'ai peur de ce que je vais découvrir si mes recherches aboutissent.

Peur d'être déçue.
Peur d'avoir mal.

Je me suis renseignée : il faut contacter un organisme spécialisé.

J'ai le numéro dans mon portefeuille...

Parfois, je sors le papier, je le triture, je le regarde, je pose la main sur le combiné téléphonique, et puis...je range le papier...

Je me demande ce que je crains le plus...

De trouver une femme épanouie loin de moi, m'ayant totalement oubliée et sans aucune envie de remuer le passé ?
De trouver une femme « ratée », pauvre, voire clocharde, alcoolique, sans passé ni avenir ?
De ne rien trouver du tout ?

J'ai du mal à imaginer trouver une femme équilibrée, prête à me faire une place dans sa vie reconstruite, prête à me donner un peu d'amour...

A la maison, l'ambiance est un peu pesante, pour la première fois...

Tom en est malheureux, il ne comprend pas tout et surtout pas pourquoi je ne me décide pas.
Parfois je l'entends pleurer dans son sommeil, alors je vais dans sa chambre et je dors avec lui...
Tom est très jeune après tout, il n'a que 14 ans, on est fragile à 14 ans...

Certains soirs, je téléphone à Véronique pendant des heures et des heures, c'est la mieux placée pour me comprendre.

Elle aussi essaie de renouer avec ses parents, sa mère surtout, mais elle en a tellement bavé déjà qu'elle y va très doucement, à pas de fourmi...
Pour le moment, elle ne la contacte que par téléphone ou courrier.
Elle me dit que c'est beaucoup trop tôt pour une rencontre.

Certains soir, je dors chez Léo et on parle d'avenir, on fait ce beaux rêves éveillés.

Mais je sais que je ne réaliserai rien tant que je n'aurai pas décroché ce téléphone.

On en discute peu avec Papa et Maman, par pudeur sans doute, mais je sais qu'ils seront présents à mes côtés le jour où...

Demain, j'appelle... Demain...

Elle – l'Aide Sociale à l'Enfance

Xavier m'a accompagnée.

Je tremblais de tous mes membres en pénétrant dans les locaux.

Je me suis adressée à l'accueil et j'ai articulé difficilement :

— J'ai abandonné mon bébé à la naissance, il y a bientôt 19 ans, je voudrais la retrouver, savoir ce qu'elle est devenue... »

Le regard de l'hôtesse d'accueil m'a transpercée...

J'ai cru que j'allais m'effondrer...

Mais elle nous a simplement demandé de nous asseoir un moment, qu'elle allait voir si quelqu'un pouvait nous recevoir...
Mes mains étaient moites et mon front en sueur.

Xavier m'a entourée de son bras et on est restés assis là un bon moment, à attendre en silence.
Sans lui, je serais repartie en courant...

Enfin, une assistante sociale est venue nous voir.

Elle n'a pas voulu que Xavier m'accompagne dans son bureau.
Je suis restée très peu de temps avec elle : juste le temps qu'elle m'explique les démarches à effectuer et me donne un rendez-vous.

J'ai un dossier administratif à remplir, des papiers à fournir pour prouver mon identité, une lettre « motivée » à écrire pour justifier ma démarche.

Cette assistante sociale est froide mais ne me juge pas.

Elle est neutre parce que c'est son métier, d'après Xavier, mais sûrement pas indifférente.

C'est vrai que ce doit être difficile, moralement, de s'occuper de la misère des autres...

Mais j'aurais aimé un peu plus de chaleur humaine.

Xavier m'a blessée pour la première fois :

—Pourquoi de la chaleur humaine ? Tu en as fait preuve, toi, de chaleur humaine, quand tu as abandonné ton bébé ? Tu ne lui as même pas donné de prénom, à cette enfant, comme si elle n'était rien ! »

Et il est parti en courant, en me laissant en bas de la maison...

Je suis montée à l'étage difficilement, comme tétanisée.
Je suis entrée et je me suis effondrée sur mon lit.

Il a raison, je suis un monstre, je ne mérite pas d'égards, je ne vaux rien.

Et de quel droit est-ce que j'irais bouleverser la vie de cette jeune fille ?
De quel droit est-ce que j'irais m'imposer comme sa mère, moi qui ne l'ai ni regardée, ni touchée, ni nommée ?

De quel droit est-ce que je peux un instant, même minime, imaginer construire une vie, me marier, avoir des enfants ?

De quel droit puis-je prétendre à la vie ?

Je pleure et j'ai l'impression d'étouffer.

Moi – courage

J'ai appelé ce matin...

Ma voix tremblait un peu, Maman était à côté de moi.

Je suis tombée sur une femme très gentille, qui m'a laissé le temps de m'exprimer sans relever mon bégaiement ni mon trouble.

Elle m'a demandé de leur adresser un courrier en précisant clairement mes attentes .

Après, je devrais recevoir un dossier avec les pièces à fournir et un questionnaire à remplir.
Voilà, le plus dur de la démarche est fait : le coup de téléphone...

Maintenant je me sens un peu vidée, mais délivrée d'une angoisse.

Maman et moi sommes allées nous promener et faire du « lèche-vitrines » tandis que Papa et Léo accompagnaient Tom au foot.

On s'est tous retrouvés à la maison, autour d'une pizza, avant d'aller au cinéma en famille.

Ce soir, j'ai du mal à trouver le sommeil.

J'ai demandé à mes parents de me confier le fameux cahier conservé dans le secrétaire de Maman.

Ils n'ont rien dit.

Ils ont compris que l'heure était venue de lever les secrets.

Il n'y a qu'à ce prix que je pourrais voler vers ma propre vie.

Je suis restée un long moment devant le cahier, sans oser y toucher.

Puis j'ai doucement passé mes doigts sur sa couverture rose à la teinte un peu passée...

J'ai appelé Léo, comme ça, pour entendre sa voix...

Je suis allée boire une tisane dans la cuisine.

La lumière sous la porte de leur chambre m'indiquait que Papa et Maman ne dormaient pas non plus...

Enfin, je suis revenue dans ma chambre et je l'ai ouvert...

A la première page, il y a une photo : un bébé tout triste, avec une petite touffe de cheveux noirs.

J'ai regardé cette photo longtemps, longtemps...

C'était si bizarre de voir cette photo de moi, surréaliste même !

Je devais avoir à peine quelques heures là-dessus et déjà un énorme poids sur mes épaules...

Plus loin dans le cahier, j'ai trouvé mon bracelet de naissance sans prénom inscrit, une mèche de mes cheveux, des messages de l'équipe de soignants de la maternité :

« *Bonne route, petite fille, on te souhaite d'être très heureuse* ».

J'en avais assez vu pour ce soir, je suis allée embrasser mes parents dans leur lit.

Je suis allée embrasser mon « petit » Tom aussi.

Et maintenant, je suis allongée dans mon lit, bouleversée, en attente du repos...

Elle – incertitude

Cela fait plusieurs jours que je ne suis pas sortie de chez moi.

Cela fait plusieurs jours que le magasin reste fermé.
Cela fait plusieurs jours que Xavier ne m'a pas appelée.
Cela fait plusieurs jours que je n'ai appelé personne.

J'ai l'impression de retomber dans la déprime de mes 16 ans.
Je traîne du lit à la table, de la salle de bain aux toilettes.

Je ne mange pas.
Je bois des cafés.
Je vomis beaucoup.

Je pleure et j'ai l'impression d'étouffer.

Elle commençait à être si belle, ma vie...

J'ai l'impression d'avoir tout gâché...

Mais est-ce que j'aurais pu vivre avec ce secret enfoui ?
Est-ce que ça aurait été juste ?

Juste pour moi, pour Xavier, pour nos futurs enfants ?

Juste pour ce petit bout de fille née de moi après une histoire d'amour hypocrite ?

J'ai honte, j'ai peur, j'ai froid.

Je n'ai pas ouvert le dossier de l'Aide Sociale à l'Enfance.

Je n'ai pas réfléchi à la lettre que je dois écrire.
Dans mon cerveau tournent sans cesse les paroles de Xavier.

Les rares moment où je suis calme, je mesure la souffrance dans ses mots.

Je réalise la situation de détresse où ma démarche a dû le plonger...
Alors j'ai encore plus honte et je me pelotonne sous mes couvertures.

Comme une adolescente.

Sauf que maintenant je suis adulte.
Sauf que maintenant, moi seule doit décider de la suite à don-

ner.

Adulte ! Voilà bien un mot qui ne veut rien dire dans le fond.

C'est quoi être adulte ?

C'est un mot de prétentieux, d'orgueilleux, de « je sais tout ».

Je n'ai pas envie d'être adulte, moi.

J'ai bientôt 35 ans et le sentiment de n'avoir rien appris.

En tout cas pas l'essentiel, pas ce qui rend heureuse.

Alors, pourquoi continuer si ça ne sert à rien, si je ne sème que du chagrin ?

Peut-être que je devrais appeler Sophie.

Demain, si j'ai le courage.

Demain, si je me réveille...

J'ai terminé de regarder le cahier rose.

Moi – vers la vérité

J'ai terminé de regarder le cahier rose.
J'ai eu l'impression de reconstruire un peu le puzzle de mes 2 premiers mois.

A la dernière page, il y a une photo de toute l'équipe des nurses de la maternité.
Au milieu, il y a une infirmière habillée en bleu, un sourire tout chaleureux sur les lèvres...

Il y a aussi une photo de moi avec Maman et Papa, je suis dans les bras de Maman, j'ai une moue très sérieuse...

Maman et Papa ont l'air d'être sur un nuage, ils ont un sourire « bisounours » !

Cette dame en bleu, elle me semble familière, je ne sais pas pourquoi...
Quand j'étais plus petite, je rêvais souvent d'une dame en bleu, elle n'avait pas de visage.
C'était sûrement elle...

Quand j'ai eu fini de le regarder, j'ai proposé à Maman et Papa de le feuilleter ensemble.

Je ne veux pas les exclure de ma recherche.

J'ai besoin de sentir leur accord et leur amour pour poursuivre.

Tom s'est joint à nous, il paraissait angoissé, soucieux...
Au bout d'un long moment, il a dit :

— Et moi, elle est où ma petite enfance ? »

Et de grosses larmes silencieuses ont coulé sur ses joues.

Alors Papa est allé vers le buffet, il l'a ouvert et en a sorti une boîte à chaussures.

Sur le dessus, il y avait une grosse étiquette écrite au marqueur noir : « *Tom / Tomo* » et un grand cœur dessiné.

Il l'a tendu à Tom qui tremblait en l'attrapant...

— Tomo, c'est mon prénom de naissance ? »

Maman l'a regardé attentivement :

— Oui, c'est celui que ta mère d'origine t'a donné, il signifie « ami »... »

A ce moment-là, je me suis rendu compte que mon bracelet de nourrisson ne portait aucun prénom.

J'ai eu une grosse bouffée d'angoisse et j'ai demandé :

— Qui m'a nommée Leïla ? »

Maman m'a alors montré la photo de la nurse, celle en bleu dont je rêvais à nouveau la nuit, mais avec un visage à présent.

Mes parents en avaient parlé avec la responsable de la pouponnière à l'époque de mon adoption.

Leïla, ça vient de l'arabe, ça signifie « nuit »...

Papa et Maman avaient choisi de ne pas le changer, d'être les étoiles qui brilleraient dans ma nuit...

Elle – survivre

Je viens de passer quelques jours chez Sophie...
Nous avons passé de longues heures à discuter, à nous promener au parc avec son petit garçon.
Comme d'habitude dans les moments durs, Sophie a su trouver les mots qui apaisent et les silences qui reposent.

J'ai déposé sur son cœur la moitié de mes angoisses et je lui ai confié mes larmes et mes doutes.

J'ai passé de longues nuits d'insomnie avant de trouver ce semblant de calme en moi.

Je suis rentrée hier soir et j'ai enfin pu dormir en paix, seule dans mon « chez moi »...

Ce matin, j'ai envoyé un texto à Xavier : « *Pardon . Je t'aime. Mathilde* »

Puis je me suis assise près de la fenêtre et j'ai bu un café bien chaud en pensant à la lettre que j'allais écrire.

J'ai longtemps réfléchi à ma vraie motivation.

Je me suis posé la question essentielle avant de continuer cette démarche si lourde de sens.
Et j'ai décidé de poursuivre, à la condition expresse que l'on puisse s'assurer que « mon » enfant soit dans le même état d'esprit.

Je ne veux pas faire du voyeurisme, je ne veux pas la rendre à nouveau malheureuse, je ne veux pas briser sa vie.

J'ai juste besoin de savoir qui elle est, si elle est heureuse, si elle arrive à se forger un avenir malgré la blessure terrible que je lui ai infligée...

Je suis allée faire un tour du côté des bouquinistes.
Je suis allée me poser un moment à la bibliothèque où je ne vais plus que rarement.

J'en ai profité pour photocopier les documents pour le dossier.

Puis me voici de retour, face à moi-même...

J'ai sorti une feuille bien propre et je m'apprête à écrire cette lettre.

Je suis calme et en paix avec mon choix.

Je vais faire comme me l'a conseillé Sophie : une lettre simple, écrite avec le cœur.
Je ne veux pas faire de brouillon, je veux qu'elle soit la plus spontanée possible.

Puis je renseignerai les informations demandées dans le dossier.
Ensuite, j'irai poster tout ça et je n'aurai plus qu'à attendre.

Attendre une éventuelle réponse.

Attendre que mon Bébé manifeste le désir de me retrouver.

Attendre et espérer.
Attendre et trembler.
Il fallait bien que ça arrive.
Il fallait bien payer un jour.

C'est un peu cher, mais j'ai compris, ces jours derniers chez Sophie, que mon bonheur était à ce prix.
J'ai compris aussi que je n'avais pas à expier toute ma vie une « faute » qui n'en était pas vraiment une.

Je n'avais que 16 ans...

Tom, il a une photo et un nom,

il a les coordonnées de l'orphelinat

Moi – mon cocon

On s'est réunis, Tom, Véronique et moi, hier soir dans ma chambre.
On a regardé tous les trois mon carnet, que je commence à connaître par cœur.
On a regardé le contenu de la boîte de Tom, et surtout la photo de sa mère.
On a lu les lettres de la mère de Véronique, qui la font toujours autant pleurer...

On a discuté tous les trois pendant des heures.

Papa et Maman passaient la soirée dehors, en amoureux.

Je pense qu'ils l'ont fait exprès, pour respecter notre besoin d'être entre nous.

Nous, les enfants « pas comme les autres ».

Je crois qu'ils sont soulagés de pouvoir en parler aussi librement avec nous, de voir qu'on leur fait confiance surtout.

Mes parents sont formidables.
Si Véronique le pouvait, elle les adopterait !!!
Quand elle nous a dit ça hier, on a éclaté de rire : le monde à l'envers !

Et on s'est vengé une fois de plus sur le pot de pâte à tartiner !

Moi, je trouve que mon petit frère et ma meilleure amie ont plus de chance que moi :

Véronique connaît sa famille, il lui appartient à elle seule de les contacter, de les côtoyer...

Tom, il a une photo et un nom, il a les coordonnées de l'orphelinat, il peut demander à écrire là-bas pour retrouver sa mère.
Moi, je n'ai rien, juste un carnet avec des souvenirs de moi,

mais rien sur ma mère, rien sur mon père, rien sur mes origines.

Même mon prénom n'est pas un cadeau de leur part.

Je voudrais revoir la nurse en bleu, celle qui m'a donné ce joli prénom...

Léo m'a téléphoné assez tard dans la soirée.
Il savait qu'on était tous réunis et il ne voulait pas nous déranger...
On a parlé longtemps tous les deux.

Tendrement.
Sérieusement.
D'avenir.
De nos rêves à deux...
Quand on a raccroché, mon cœur était plein de baisers et mon corps tout mou...

Véronique et Tom se sont moqués de moi, gentiment...
On a fait une bataille de polochons, comme des gamins.

Papa et maman sont rentrés vers minuit, tout doucement, par peur de nous réveiller...

Ils nous ont trouvés sur le canapé, devant un bon vieux Tex Avery, morts de rire !

On s'est serrés pour leur faire une place et on a fini la soirée comme ça, au chaud les uns contre les autres...

Elle – espérer

Dix jours que le dossier est parti, plein de mes espoirs.

Je sais qu'il faudra du temps avant de recevoir une réponse.

Je sais aussi que je n'en aurai peut-être jamais d'autre que cet accusé de réception.
Je suis soulagée de l'avoir fait.

Soulagée d'avoir réussi à donner à ma petite fille inconnue le droit de connaître ses origines.

J'aimerais savoir quel prénom ils lui ont donné...

Pour mieux penser à elle.

Pour mieux lui envoyer des bonnes ondes.

Pour mieux la protéger à distance, à ma manière.

J'ai enfin rouvert la boutique.

Les clients étaient contents de me revoir, ils étaient inquiets de mon absence.
Ça m'a fait chaud au cœur de voir qu'on pouvait tenir à moi.

J'ai invité mes parents à dîner l'autre soir et je leur ai raconté ce que j'avais fait.
Ma voix tremblait et je n'ai pas pu m'empêcher de pleurer.

Pour une fois, je les ai trouvés formidables, mes parents.

Ils n'ont fait aucun commentaire sur ma démarche, ils m'ont juste dit qu'ils seraient là pour moi.

Ma mère m'a demandé de la tenir au courant en cas de réponse.
Elle a bien changé, elle qui ne voulait surtout pas entendre parler de « ça » !

Mon père m'a prise dans ses bras, c'était un moment très fort, un moment si rare !

C'est effrayant, la vie : il faut parfois vivre des événements dramatiques pour se retrouver, pour oser se dire je t'aime.

Je crois que c'est la meilleure soirée que j'aie jamais passée avec mes parents...

Et ce matin, un livreur est arrivé, avec un bouquet de petites roses orange et blanches et un petit chat en peluche...

Autour de son cou, il y a une étiquette : un cœur d'un côté, un message de l'autre : « *Je t'aime aussi, Xavier* ».

Le bouquet orne le comptoir du magasin, il sent bon et il apporte une jolie touche de romantisme dans la pièce...

Le chaton est posé sur ma table de nuit, il attend sagement l'heure de veiller sur mon sommeil...

Le soleil revit en moi, timide et méfiant, mais porteur d'une douce chaleur...

La roue tourne toujours disent les anciens...

Et si c'était vrai ?

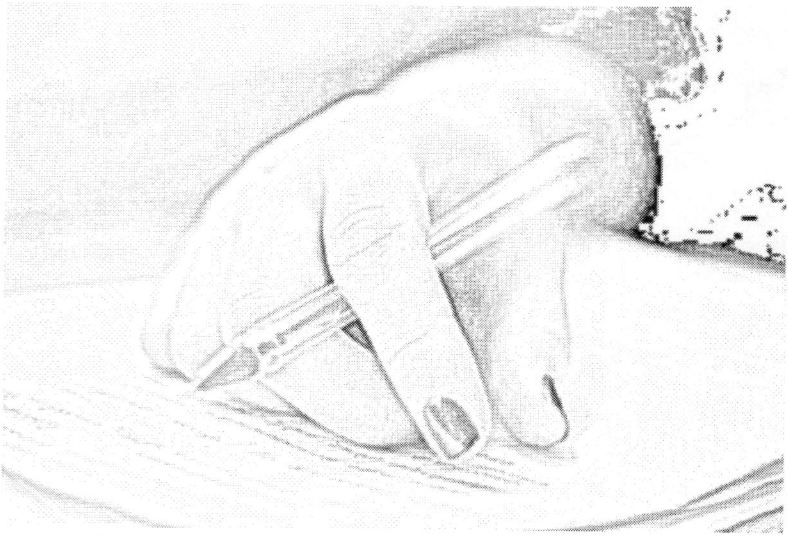

Je me suis assise au bureau de Papa et j'ai sorti le papier à lettre...

Moi – La lettre

Voilà, ma lettre est prête.

Je pensais que ce serait beaucoup plus facile de l'écrire.

Je l'ai recommencée au moins 10 fois.

Je me suis énervée, je suis sortie courir au bois de Boulogne.

Je suis allée au cinéma avec Véronique et Tom.
C'est bien plus compliqué que je ne le pensais, d'entreprendre cette démarche.

Tout à coup, je me demande ce qui risque de changer en moi, j'ai peur de ne plus avoir le même regard sur ma vie, ma famille, tout ce qui m'a construit jusqu'ici une fois que je saurai la vérité.

J'ai peur d'avoir honte de mes origines.
J'ai peur de regretter ma curiosité.
J'ai demandé à maman ce qu'elle en pensait.

Elle m'a dit que moi seule pouvait prendre la décision finale, qu'elle ne se reconnaît pas le droit de donner un avis.

Alors je suis allée revoir « ma » psychologue, celle de mon enfance, celle de mes doutes d'adolescente...
Une chance, elle exerce toujours.

Ses cheveux ont blanchi, ses rides se sont accentuées, mais son regard est resté identique, son sourire, la chaleur de son contact, son écoute...

Cette femme est un des piliers de mon existence, de mon « moi » profond.

Je suis sortie de là rassurée, calmée, le cœur en accord avec le cerveau, le corps léger.

Je me suis acheté une énorme chocolatine et j'ai déambulé un peu dans les rues avant de rentrer.

De retour à la maison, seule entre ces murs rassurants, j'ai mis un disque de Maxime le Forestier, tout doucement.

Je me suis assise au bureau de Papa et j'ai sorti le papier à lettre...

Là, les mots ont glissé tout seul, ma main savait parfaitement ce que mon esprit avait enfin réussi à démêler...

Mon écriture était claire, sans hésitation.
Je n'ai pas eu envie de relire, cette fois j'étais sûre de le vouloir, quelles qu'en soient les conséquences.

J'ai signé.
J'ai plié la lettre.
Je l'ai glissée dans une enveloppe et j'y ai inscrit l'adresse de l'organisme.

Maintenant, j'attends Tom: il veut poster la lettre avec moi.

Pour lui, ça semble si important.

J'ai envoyé un message à Léo : « c'*est fait...alea jacta est... Je t'aime* »

Elle – retrouvailles

Hier, Xavier a surgi en pleine matinée dans le magasin.

J'aidais une vieille dame à trouver le jouet de ses rêves pour son premier arrière petit-fils...

En voyant cette silhouette, j'ai cru à un mirage !

Mais le mirage est entré, a ouvert grand ses bras et son sourire et je me suis jetée dans les deux !

La vieille dame a applaudi de bonheur !

Finalement elle a choisi un joli Teddy et je lui ai fait le plus beau paquet cadeau de toute ma carrière !

Quand elle a été partie, Xavier a apposé l'écriteau « fermé » sur la porte, il a tiré le rideau de fer, éteint la lumière.

Je suis restée là, plantée, à le regarder agir sans me demander mon avis.
Alors il a pris ma main, j'ai juste eu le temps d'attraper mon sac et on est partis dans sa vieille voiture toussotante...

Il m'a emmenée au bord des étangs de Hollande, dans la forêt de Rambouillet.

Je n'y étais jamais allée...

L'eau brillait sous le soleil, il y avait peu de monde ...
On s'est baladé main dans la main sans rien dire, sans casser le charme fragile de nos retrouvailles...

Puis nous sommes retournés à la voiture et Xavier en a sorti un panier de pique-nique.
Il avait un sourire malicieux, si touchant qu'un vague d'amour m'a submergée, comme un tsunami...
Je l'ai pris par le cou et je l'ai embrassé longuement...

Quand nous nous sommes séparés, ses beaux yeux bleus étaient mouillés...

Les miens déversaient des cascades de bonheur humide...

Nous avons mangé un peu, bu une bouteille de vin blanc, parlé beaucoup.

Xavier m'a dit avoir beaucoup réfléchi, avoir aussi beaucoup discuté avec ses parents et aussi sa petite sœur Luna.

Il a décidé de rechercher sa mère biologique, malgré la peur qu'il ressent à l'idée de la retrouver.

Il a quelques babioles de ses premiers mois dans une enveloppe gardée précieusement par ses parents.

Il a également le nom de sa mère, qu'elle avait griffonné sur un papier pour le jour où, le cas où...

Avant de remonter en voiture, Xavier m'a demandé de fermer les yeux.

Il a déposé entre mes mains tendues une petite boîte et une rose rouge...

J'ai ouvert la boîte et j'y ai trouvé une bague avec une aigue-marine et ce mot écrit : «*Je voudrais tant être ton amour pour la vie* »

Je l'ai regardée, si émue, je lui ai caressé la joue et j'ai dit « oui...Oh oui !... »

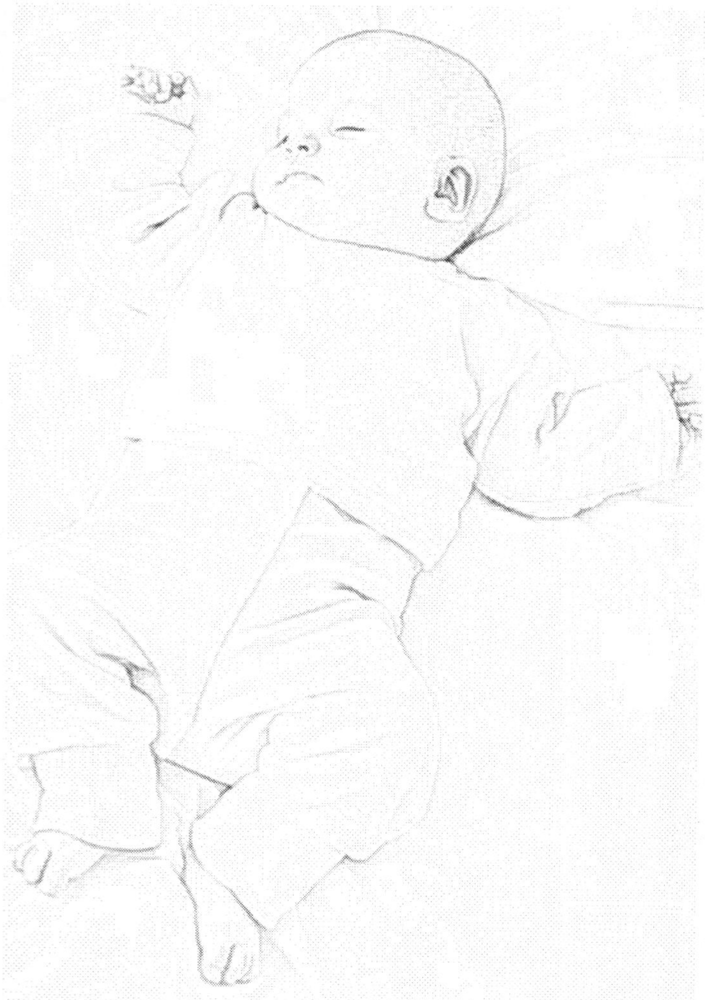

Une naissance « normale » dans une famille « normale ».

Moi – le dossier

Ça y est, j'ai mon diplôme !

Et des petites annonces à foison .
Et surtout une grande plage d'été et de repos avant de me lancer dans la vie active.
Je me sens si légère !

Léo aussi a obtenu son diplôme : on va enfin pouvoir s'occuper de nous l'esprit libre !

Enfin...libre...

Sur mon bureau il y a un dossier, le fameux dossier .
Je l'attendais de tout mon cœur, ce dossier et maintenant c'est tout juste si j'ose le regarder...

Léo a un peu de mal à comprendre la situation, pour lui la vie est si simple !
Une naissance « normale » dans une famille « normale ».

Parfois on se chicane un peu là-dessus, lui et moi, il estime que j'ai des parents qui m'aiment comme des fous et que je n'ai aucune raison d'aller chercher plus loin.

Je ne lui en veux pas vraiment.
Je comprends combien la situation est étrangère à tout ce qu'il a vécu depuis 20 ans.

Mais quand même, des fois, j'aimerais sentir son appui, son implication...
Maman pense qu'il y est très sensible mais ne sait pas l'exprimer...

Toujours est-il que je suis là, face à ce dossier et que j'aimerais que Léo soit à mes côtés...

J'ai reçu aussi la copie de mon acte de naissance intégral,

comme demandé.

Je l'ai lu et relu, il porte mention du jugement d'adoption.

Ça m'a fait un drôle d'effet, de recevoir la réalité en face, comme ça.

C'est terrible comme on peut savoir les choses dans sa tête et avoir tant de mal à les accepter dans son cœur.
Ce papier en tout cas me renforce dans l'idée que je DOIS le faire.

C'est à ce prix seulement que je pourrai sauter les pieds joints et droits dans ma propre vie, celle que je vais construire, avec Léo j'espère.

Mais je ne veux rien planifier.

Je ne veux penser qu'à court terme.
Je veux penser à demain, aux vacances en Suède avec mon chéri : le cadeau de nos parents, pour nos diplômes !

On n'a pas à se plaindre je crois.
Moi, je suis toujours terriblement émue quand mes parents sont fiers de moi.
Comme une façon de leur dire et redire merci...

Ce soir, quand ils vont rentrer du boulot, je demanderai à Maman et Papa de m'aider à remplir ce dossier .

Et puis je ferai un gros câlin-bataille avec Tom.
Tom a peur que je m'en aille...

Mon tout petit Tom de frère...si fragile du haut de ses 15 ans et de son 1,70 m...

Elle – rêve et réalité

J'ai reçu un courrier des services sociaux: une lettre bateau m'assurant avoir reçu mon courrier.

Ils m'avisent très clairement du fait que je n'aurai peut-être jamais de nouvelles, que tout dépendra des démarches éventuellement entamées par « mon » enfant.

Un petit mot moins froid quand même me souhaite bonne chance, me complimente pour mon courage et m'exhorte à la patience...

Du courage ?
Je ne le voyais pas comme ça...

Je croyais que le courage, au contraire, aurait été de le garder, ce bébé...

A d'autres moments je me convaincs que j'ai eu raison.

Ma tête est trop pleine de débats, de doutes, de rêves aussi.

Je passe de la nostalgie à l'euphorie.

Pour m'apaiser un peu et retrouver le calme, j'ai ressorti mon vieux « cahier de rêves », celui de mes débuts dans le magasin.

J'ai relu les pages noircies à l'époque.
Quelle midinette !
En même temps, c'était touchant, parfois poignant.

J'avais presque tout oublié, excepté la maison tordue et le jardin sauvage.
J'en rêve encore, comme du paysage idéal, en adéquation avec moi : un peu tordue, un peu sauvage...

J'ai pris un stylo et j'ai écrit, pour la première fois depuis bien longtemps...

J'ai écrit ma mère.
J'ai écrit mon père.

J'ai écrit mes grands-parents dont je ne sais toujours rien...
J'ai écrit mes 16 ans, ma tragédie, mes regrets, ma douleur...

J'ai écrit Fred, pour mieux le rayer définitivement...
J'ai écrit Sophie et ses parents, son amitié sincère au-delà des intempéries...

J'ai écrit le papy de mon cœur, décédé le mois dernier, si discret et si attentif...
J'ai écrit Xavier enfin, ses yeux si bleus et si perçants, ses grands bras si rassurants, son odeur et la force de son cœur...

J'ai écrit mes peurs, mes doutes, mes désirs.

J'ai tracé un grand point d'interrogation en face du mot « avenir ».
J'ai tracé un grand point d'exclamation en face du mot « espoir ».

Avant de refermer ce cahier et de le ranger au chaud parmi mes souvenirs précieux, j'ai écrit en très gros « merci »...

Quoi qu'il se passe maintenant, je réalise combien les gens que j'ai rencontrés ont contribué à faire de moi celle que je suis devenue, celle que je n'ai plus honte de regarder dans la glace...

Alors, oui : MERCI !

on a passé des heures à visiter, se balader main dans la main
sans besoin de paroles pour être bien...

Moi – plage de quiétude

Nous voilà de retour de Suède...

Quel pays magnifique, tellement propice aux promenades en amoureux ou même solitaires...

Des moments avec moi-même au milieu de paysages infinis où j'ai pu réfléchir sans angoisse à ces démarches que je veux poursuivre...

Les suédois sont des gens si tranquilles, leur quiétude m'a profondément marquée, on a passé des heures à visiter, se balader main dans la main sans besoin de paroles pour être bien...

J'ai un sentiment très fort d'apaisement et une espèce de douceur et de paix est entrée dans mon cœur...

Je crois que je suis prête à assumer la vérité, prête à découvrir d'où je viens...

Léo a adoré aussi, mais c'est un peu différent pour lui : trop calme, trop « reposant », il a besoin de bruit et d'agitation, ça l'angoisse, le silence, à la longue...

Pourtant, la ville est très moderne, mais il y règne un climat de paix et de douceur qui le met mal à l'aise...

De retour à Paris, nous sommes allés nous plonger dans l'agitation joyeuse des étudiants de St Michel, surtout pour faire plaisir à Léo .

Moi, je serais bien restée encore un peu dans ma bulle de sérénité...

Je reviens pleine de tonus mais aussi de questionnements par rapport à nous deux.

J'ai peur de nos différences tout à coup, cette « vie de couple » pendant 15 jours nous a mis en face de pas mal de réalités sur nos goûts à l'un et à l'autre.

Le temps nous aidera à y voir clair sûrement, mais je sens une pointe d'angoisse en moi.
En attendant, je vais chercher sérieusement du travail, et essayer de trouver une place qui me corresponde...
Heureusement, il y a beaucoup d'offres, j'ai donc le choix...

On a passé une soirée Léo et moi avec les copains, Tom, Véronique et nos parents, à leur raconter notre périple, à montrer les photos et les vidéos, c'était super sympa.

Les boîtes de pizzas s'entassaient dans la cuisine et le petit Bardolino commandé par Papa a remporté un vif succès !

Cet été est un tournant pour moi, je le sens bien.
Diplôme...

Amours en point d'interrogation...
Imperceptibles envies d'ailleurs...

Le reste des vacances, j'ai bien envie de le consacrer à Tom, de passer du temps avec lui, de l'écouter vivre, de prendre soin de son petit cœur tout frais d'amour...

Eh oui, mon petit Tom est amoureux !
Je le regarde et je repense à la peur qui m'avait envahie à l'annonce de son arrivée...
Je ressens encore le flot de tendresse que j'ai ressenti en le voyant la première fois.
Tom, mon grand petit frère de 15 ans...

...Sur le buffet m'attend sagement une lettre de l'organisme de recherches...

Elle – Deux

Je regarde mon annulaire et il m'éblouit...

Je regarde cet anneau si simple et si brillant...

Un cercle doré , sans fioriture, à l'image de « nous »...

Certains clients m'ont félicitée.

D'autres m'ont offert des fleurs, une petite babiole, une délicate attention...
Tous m'ont reproché de n'avoir rien dit...
Sans animosité ni colère, un brin de regret et de tristesse...

Une pointe de dépit parfois...

Mais quand j'explique le « pourquoi » de cette discrétion, plus personne n'est froissé.
Au contraire même, certains me prennent dans leurs bras ou simplement m'effleurent l'épaule.

Une dame âgée m'a confié :

—Mes enfants, je les ai gardés, mais je crois qu'ils auraient eu plus de chance si j'avais eu le cran de faire comme vous, d'avouer mon incapacité à les assumer... Bravo ma petite, vous avez été très courageuse... »

Ses paroles m'ont touchée en plein cœur...

Question «cran», on m'avait plutôt culpabilisée à l'époque...

Tout à coup, je vois les choses différemment : peut-être lui ai-je fait un grand « mal » pour un bien plus grand « bien » , à cette petite fille née de mon corps...

A cette petite fille née d'une histoire sans amour, d'une histoire de fille fière et paumée, prête à tomber entre les griffes de n'importe quel « Dom Juan » de pacotille !

N'empêche que je n'aurais pas pu me marier en grandes pompes, j'aurais eu l'impression de trahir une part de moi, une partie de ma vie...

Xavier ne tenait pas non plus à une cérémonie grandiose.
Nous n'avons pas besoin de nous donner en spectacle pour être heureux.
Non, notre mariage a été gai, chaleureux et joyeux, bercé d'amitié et d'amour.

Nous devions être une vingtaine tout au plus, le soleil était doux et le ciel dégagé promettait tant de beaux jours...

Quand nous nous sommes dit « oui », l'émotion était palpable dans cette salle de la mairie, aux boiseries anciennes patinées... Voilà, c'est ça, la sincérité, c'est quand les personnes présentes le sont avec l'idée de partager ce moment unique où deux êtres s'unissent, où deux êtres s'apprêtent à traverser main dans la main tourmentes et accalmies...

Oui, les personnes qui étaient présentes à notre mariage étaient là parce qu'au fond d'elles-mêmes elles ressentaient la force de cet amour et savaient les obstacles franchis avant ce beau jour...

Je suis heureuse et sereine, je suis en accord avec mon « moi » profond...

Je t'aime...

Notre mariage a été gai, chaleureux et joyeux, bercé d'amitié et d'amour.

Moi – savoir

Léo et moi avons décidé de mettre fin à notre relation amoureuse.

Le voyage en Suède a mis en évidence entre nous des différences fondamentales, profondes, que les années ne pourraient qu'aggraver.

Nous éprouvons trop d'amitié et de tendresse l'un envers l'autre pour nous permettre de tout gâcher...
Alors nous allons redevenir meilleurs amis, comme avant...

Ni l'un ni l'autre n'est vraiment triste, c'est marrant le naturel avec lequel cette décision s'est imposée à nous.

J'ai trouvé du travail, je commence début septembre.

C'est un institut pour enfants perturbés à petit effectif, où j'avais fait mon stage en 2ème année.
Je suis contente et fière aussi d'avoir été appréciée à ce point : ce sont eux qui sont venus me solliciter !

Et... j'ai ouvert la lettre...

Après plusieurs jours à la tourner et retourner entre mes mains...

Je l'ai lue une première fois, comme une automate, sans bien comprendre ce qu'on me racontait.

Je suis allée boire un thé sur la terrasse, la lettre dans ma poche.

Et là, seule face à la tour Eiffel, j'ai relu chaque mot écrit avec la plus grande attention.

Quand Maman est arrivée quelques instants plus tard, elle m'a aperçue et m'a rejointe, sans rien oser dire...
Je voyais vaguement son regard inquiet me scruter.

Enfin, j'ai réussi à ouvrir la bouche et à articuler : « Ils savent qui est ma mère, elle me recherche aussi... »

Maman est allée se faire un thé à son tour.

Nous sommes restées là toutes les deux, assises côte à côte face au soleil déclinant...

Tom et Papa sont arrivés enfin, ils étaient gais, excités comme des gamins !

Quand ils nous ont vues assises là en silence, Maman avec son manteau sur le dos comme en visite, et moi les yeux dans le vague, la lettre à la main, ils se sont tus immédiatement.

Ils se sont installés près de nous et Papa m'a simplement demandé si je voulais bien lui montrer mon courrier.

Je le lui ai tendu sans rien dire.

Il a lu, l'a montré à Tom qui l'a lu à son tour puis s'est exclamé :

—Eh bien, mais c'est génial, non ? »

Génial ?

Je ne sais pas encore si le mot est opportun.

J'ai peur de la vérité, maintenant qu'elle me tend les bras...

Elle – confrontation

C'est très étrange de vivre en couple.

Pas si évident non plus, quand on a pris comme moi des habitudes de « vieille fille » !

Xavier aime bien me taquiner avec ça, et quand Luna s'y met, alors là je ne fais pas le poids !!!

On a déménagé, le studio était vraiment trop petit, et Xavier a besoin d'un bureau pour travailler sur ses dossiers.

Il a décidé de s'installer à son compte et d'ouvrir son agence de voyage.

Mais il ne veut pas d'une agence de luxe, il veut que chacun puisse s'offrir le voyage de ses rêves, alors ça lui demande beaucoup de temps et de boulot à domicile.

Parfois le soir quand il a trop à faire, j'embarque Luna et son copain et nous allons au cinéma, au pub, en boîte...

J'ai l'impression que ma jeunesse commence ...

J'ai 36 ans passés...

Moi, je ne veux pas quitter mon magasin de jouets, il est le témoin des moments forts de ma vie...
Et puis, les propriétaires m'ont proposé d'en racheter les murs...

Ça me tente bien...

Cette nouvelle existence est une étape à franchir, parfois je doute d'être à la hauteur, j'ai si peur de décevoir ceux qui ont foi en moi...

J'ai peur aussi de m'autoriser au bonheur...
Si je fais le bilan des 20 dernières années, c'est comme si j'avais vécu plusieurs vies en une...

... Une autre risque de commencer ...
... Une autre que j'ai espérée, attendue, redoutée...
... Une autre qui me ressemble peut-être...

Quand j'ai reçu le coup de fil de l'assistante sociale, je n'ai tout d'abord rien compris...

Et puis, j'ai réalisé ce qui m'arrivait : mon enfant, ma poupée inconnue veut me connaître...
La nouvelle m'a sonnée, j'ai traversé comme un zombie tout le reste de la journée...

D'autant que Xavier vient de retrouver la sienne, de mère...
Il l'a rencontrée et...il a été très déçu !

Il ne s'attendait pas à un miracle, mais autant d'indifférence et de manque d'intérêt, ça l'a anéanti...
Mais il était toutefois rasséréné de l'avoir vue et d'enfin connaître ses origines.

En rentrant ce soir-là, il a téléphoné à ses parents et leur a dit :

—Merci, vous m'avez sauvé d'une sacré galère, je vous aime infiniment... »

J'ai rendez-vous la semaine prochaine pour définir les modalités de ma rencontre avec ma fille, et confirmer ma volonté de le faire...

« Ma fille »....

Quel drôle de mot...

Elle a allumé une cigarette, ce qui est très rare chez elle...

Moi – nous y voilà

J'ai demandé à maman de m'accompagner aujourd'hui.

Le correspondant de l'organisme de recherche voulait me rencontrer avant la moindre décision.

On avait rendez-vous à 14 h alors pour nous détendre, Maman m'a invitée dans un petit resto très sympa...

On a beaucoup bavardé, mais évité l'essentiel.
Je crois qu'on avait aussi peur l'une que l'autre !

En fait, en réfléchissant bien, je ne sais pas du tout où cela va me mener...

Après tout, je n'ai jamais parlé avec un autre « enfant X », jamais rencontré quelqu'un dans ma situation, ayant retrouvé sa mère d'origine...

Je suppose que ça bouleverse tout un tas d'idées reçues, ancrées, formalisées et surtout... rassurantes !

Quelque chose en moi craint de remettre en question toute ma vie, toutes mes racines créées depuis mon adoption...

C'est comme une bagarre dans mon cerveau, entre l'acquis et l'inné... (vive les études, on apprend de beaux mots!)

Au dessert, Maman a craqué...

Elle a allumé une cigarette, ce qui est très rare chez elle...

Elle m'a regardée bien droit dans les yeux...

Elle a inspiré fortement et enfin m'a dit :

—Je t'aime, Leïla, je ne veux pas te perdre, tu es la fille que le ciel m'a offert alors que je n'y croyais plus, tu es l'étoile de ma vie, tu es tu es... » et...

...Elle a fondu en larmes, violentes et profondes. Intarissables...

Je l'ai regardée, mon cœur explosait d'amour pour cette femme, Ma Maman à moi, comme je disais et répétais quand j'étais petite...

Tout à coup, Ma Maman m'est apparue fragile, vulnérable...

Tout à coup, j'ai compris que Ma Maman n'était pas une extra terrestre, et que je pouvais, moi, être pour elle ce qu'elle avait été pour moi quand j'en avais tant besoin...

Quand j'en aurai encore sûrement besoin...

J'ai pris une serviette sur la table et j'ai essuyé ses larmes, doucement, tendrement...

J'ai eu l'image éphémère de ma première journée de maternelle, j'ai ressenti la douleur et la panique de ce jour si spécial dans la vie d'un enfant...

J'ai pris le menton de Maman entre mes doigts pour lui relever la tête et là, bien droit dans ses yeux je lui ai juré de l'aimer toujours, de ne jamais la quitter...

Ma Maman, surtout surtout ne jamais plus te faire pleurer...

Elle – nous y voilà

Rendez-vous à l'Aide Sociale à l'Enfance aujourd'hui...

Je me suis levée tôt...beaucoup trop tôt...

Impossible de dormir !

Je me suis tournée et retournée dans les draps, à provoquer les grognements de mon Xavier...
A 5h1/2, j'ai craqué et je me suis levée.

Je me suis habillée en vitesse et je suis descendue prendre un café au bistrot proche du magasin.

Le patron m'a interpellée :

—Eh bien, tu t'es disputée avec ton Jules, pour te lever si tôt ? Enfin !... »

Il nous appelle les « inséparables », il est étonné de nous voir toujours amoureux...

Il ignore tout ce qu'on a traversé avant d'en arriver là !
Dans le fond, je sais qu'il nous aime bien et qu'il serait triste de nous voir nous déchirer...

Alors je lui ai adressé un clin d'œil complice et gai et j'ai fini mon café en silence.

Puis j'ai marché un moment dans ce Paris matinal et si calme encore...

Je suis rentrée à la maison vers 9 heures...

Xavier était au travail dans son bureau.

Je suis allée le voir, le rassurer sur mon absence.
Mais il n'était pas inquiet, il savait.

Il m'a regardée, s'est levé et m'a prise dans ses bras :

—T'inquiète, mon cœur d'amour, tout ira bien, tu verras, tout ira bien... »

Il a proposé de m'accompagner, une fois encore...

J'ai refusé, une fois encore...

C'est à moi de gérer ça...

C'est à moi d'assumer mon passé.

Je me le dois, et je le lui dois aussi, à Elle...

Elle que j'ai laissée seule, toute petite, toute innocente...

Toute seule...

Si je n'ai pas ce courage, je ne pourrai pas me regarder en face, je ne pourrai pas regarder Xavier dans les yeux, je ne pourrai pas porter notre enfant en toute impunité...

Oui, je suis enceinte...

Drôle de situation : je suis enceinte et je vais avoir la chance de rencontrer l'enfant que j'ai rejetée il y a 21 ans...

Avant de partir, je me noie dans les bras de Xavier et une fois de plus, le fond de mon cœur lui demande pardon...

J'ai passé un moment solitaire sur un banc,

au jardin des Tuileries.

Moi – La rencontre

Je suis arrivée très en avance.

J'avais choisi avec soin ma tenue, ma coiffure.
Je ne voulais paraître ni trop sophistiquée, ni trop hippie.

Je voulais surtout être « moi », celle qui a grandi dans l'amour d'une famille parisienne aisée.

J'ai passé un moment solitaire sur un banc, au jardin des Tuileries.
Il n'y avait là encore que l'homme qui entretient les allées et la chaisière.

J'ai observé cette femme un bon moment : je ne m'étais jamais rendu compte du travail que ça représentait, toutes ces chaises

à remettre en place, à aligner selon un ordre précis, chaque matin...
J'ai vainement tenté d'organiser mes pensées de la même manière...

J'étais bien trop impatiente pour ça.

Et bien trop stressée...

Dans mon sac, j'avais glissé le cahier rose, sans trop bien savoir pourquoi.
Mais pour le moment, c'était le seul « élément » qui me reliait à Celle que j'allais rencontrer bientôt.

Bientôt...
A 10h30 précisément.

Si elle venait...

Si je ne me déballonnais pas avant...

Vers 9 heures, je me suis décidée à aller prendre un café-crème

et un croissant vers la place de la Concorde.
Le croissant est mal passé, estomac trop noué...

Comme il était encore très tôt et que le temps était doux, j'ai marché jusqu'aux Invalides.

J'ai pris mon temps, j'ai regardé les boutiques qui ouvraient paresseusement, ce n'est pas un quartier besogneux ici, les gens prennent leur temps...
Enfin, je suis descendue dans le métro...

Tour Maubourg...
Ecole Militaire...
La Motte Picquet Grenelle...
Ségur...

J'y étais...

Il était à peine 10 heures, alors j'ai pris le temps d'arpenter l'avenue une fois de plus, de détailler l'architecture des immeubles bourgeois qui la bordent, de regarder avec respect l'entrée de l'UNESCO...

Puis...je suis arrivée au n°8...

J'y suis entrée et avant toute chose j'ai adressé un texto à Maman : « *Je suis arrivée, je t'aime Ma Maman* ».

Elle – La rencontre

Je n'ai pratiquement pas dormi cette nuit.

Impossible de fermer les yeux sans voir et revoir les images de Sa naissance.

Sans revivre ma terreur et ma détresse de ce jour-là...

Derrière mes paupières défilaient à toute allure tous les acteurs de ce mauvais film :

Fred, fier, beau, indifférent, cruel...

Ma mère, furieuse, blessée, fuyante...

Mon père, absent, comme pas au courant...

Moi, minuscule et ratatinée, hurlant de peur, de douleur et de désespoir...

Solange, « ma » nurse vêtue de bleu, douce, indulgente, la touche de miel dans ce déferlement de drame...

Elle enfin, une toute petite chose dont je n'ai entrevu que le crâne et une touffe de cheveux noirs avant de fermer les yeux...

Je me suis levée, incapable de supporter plus longtemps l'angoisse qui montait en vagues déferlantes et me coupait la respiration.

Je me suis installée sur le canapé et j'ai regardé un reportage, un joli reportage sans commentaire, juste de la musique...

On y voyait des papillons et des prairies, des écureuils aux aguets dans des chênes, des piverts en activité constante...

Bref, le reportage parfait pour me déstresser sans réfléchir.

En même temps je caressais doucement mon ventre légèrement rebondi...

J'ai fait plein de promesses d'amour et de protection à mon enfant à venir...

Au petit matin, Xavier m'a rejointe et on s'est endormis sur la banquette tous les deux, enlacés...

A 8 heures, j'étais fin prête.

Je n'ai pas hésité longtemps avant de m'habiller : je voulais être « moi » et rien d'autre.

Finis les mensonges et les secrets.

Je suis partie vers 9 heures 30, me donnant assez de marge en cas d'embouteillages.

Sophie avait pris sa journée pour me remplacer au magasin.

Chère Sophie....

Dans ma petite voiture rouge, j'ai mis de la musique, tout sauf penser...

Le trajet m'a semblé rapide, presque trop rapide...

Je suis arrivée sans même m en rendre compte...

Comme si elle m'attendait, une place de stationnement s'est libérée alors que je commençais juste à chercher...

Je me suis arrêtée un moment devant la porte du n°8 de l'avenue de Ségur avant de la pousser et d'entrer...

J'ai adressé un texto à Xavier : « *Je suis arrivée, je t'aime...* »

Tous ces mois d'attente et d'espoir.

Moi – c'est donc Elle

Dans le bureau, un homme et une femme m'ont parlé un moment.

Ils voulaient une fois de plus s'assurer que j'étais toujours d'accord pour « la » rencontrer, et la rencontrer seule.

Je n'ai pas montré l'agacement que provoquait en moi ce flot de questions et de recommandations, toujours les mêmes...

Au bout d'un moment quand même, je leur ai dit :

— Mais enfin, pourquoi pensez-vous que je suis venue aujourd'hui ? Vous ne pensez pas que j'ai eu le temps de réfléchir, au cours de ces mois de recherche et d'attente ? Vous ne croyez pas que j'ai atteint un âge assez raisonnable pour savoir ce que je fais, vous ne réalisez pas que si je veux construire ma propre vie, je dois en passer par là ? »

Ce « je dois en passer par là » les a fait tiquer.

Il a fallu que j'explique un peu mieux mes motivations, que je module mes paroles...

Je trouvais ça bien lourd, après tout ce temps, d'être obligée encore et encore de justifier ma démarche.
J'étais au bord des larmes.

L'homme et la femme se sont tus alors.
Ils m'ont regardée et ont attendu que je reprenne mon calme.
Après, ils se sont excusés.
Ils m'ont expliqué qu'ils avaient conscience de la pénibilité de cet ultime entretien.

Mais ils avaient assisté à tant de réactions violentes et douloureuses au cours de ces fameuses rencontres qu'ils préféraient maintenant agir comme ça.

Mettre en garde...
Prévenir...
Encore et encore...

Je comprenais bien sûr...

Mais je leur ai dit combien c'était cruel, comme façon de procéder.

Je leur ai suggéré d'en trouver une autre...

Ils ont souri en entendant ça !

La femme m'a fait un clin d'œil amusé :

— On vous embauche ? »

L'atmosphère s'est détendue immédiatement et nous avons tous les trois ri...

Un rire salutaire...

Puis ils sont redevenus sérieux.

Ils m'ont accompagnée jusqu'à une pièce un peu éloignée.

Ils ont ouvert la porte.

C'était une sorte de salon, accueillant.

Face à moi, debout, une femme brune, jolie, m'attendait, un vague sourire timide aux lèvres...

Elle – Mon Bébé

Une femme m'a accueillie et escortée jusqu'à un bureau.

Un homme y était déjà.

Il m'a serré la main et tous deux se sont assis avec moi autour d'une table ronde.

Ils m'ont parlé.

Des conséquences envisageables.
Du fait que ma fille pourrait me rejeter.
De la déception qu'elle pourrait éprouver.
De la déception que moi-même je pourrais éprouver.
Des reproches que je pourrais avoir à entendre, qui parfois étaient violents.
Ils m'ont encore demandé si je voulais qu'une tierce personne assiste à notre rencontre.
Je commençais à me sentir très déstabilisée.

J'étais arrivée assez sûre de faire le bon choix, et voilà que cet homme et cette femme, d'une manière doucereuse, remettaient tout en question !

Tous ces mois de questionnements.

Tous ces mois de souffrance et de solitude.

Tous ces mois d'attente et d'espoir.

Toutes ces années de reconstruction...

Je les ai regardés au bout d'un moment et leur ai demandé de se taire.

Juste de se taire.

Sans agressivité.

De se taire et de m'écouter :

— Je n'ai plus 16 ans, j'en ai 21 de plus... Je suis maintenant, j'espère, devenue adulte. Je suis mariée et j'attends un enfant. Mais celui-là, il n'est pas arrivé par hasard, il est arrivé par amour. Mais je ne pourrai jamais lui donner le bonheur qu'il est en droit d'attendre, je ne pourrai jamais lui offrir une vraie vie de famille si auparavant je ne demande pas pardon à la fille que j'ai portée sans le vouloir et que j'ai abandonnée.
Je l'ai abandonnée parce qu'à cette époque je n'avais pas d'autre choix. Je dois le lui dire, pour elle comme pour moi. Peu importe si elle me rejette, si elle a des paroles violentes à mon

égard. J'ai été très violente moi aussi quand elle est née. C'est moi qui l'ai rejetée alors...Je DOIS la rencontrer... Après, si elle le veut, chacune de nous poursuivra sa vie comme aujourd'hui. Et si elle souhaite continuer de me voir, mes bras et mon cœur sont prêts à la recevoir... »

Quand je me suis tue, j'étais épuisée...

Sans rien ajouter, la femme m'a conduite dans une autre pièce, un petit salon assez chaleureux...

Je l'ai attendue, debout, bouleversée.

La porte s'est ouverte et je l'ai vue : brune, belle, de beaux yeux inquiets...

Comme on fait semblant de ne pas l'entendre hurler de détresse...

Moi – Elle- 1er contact.

— Pourquoi ?

— *Je ne pouvais pas faire autrement...*

— Ahhhh...

— *J'avais 16 ans seulement...*

— Et mon père ?

— *Oh lui...il m'a joué « courage fuyons »*

— Il ne voulait pas de moi lui non plus ?

— *Il ne voulait pas d'attaches, ni femme ni enfant... Juste frimer avec une jolie fille à son bras.*

— Tu vis avec lui ?

— *Oh non !*

— Tu as des parents ?

— *Oui...*

— Ils ne voulaient pas de moi non plus ?

— *C'est plus compliqué que ça... Nos rapports étaient...disons...électriques, sans dialogue : une sorte de « chacun pour soi ». Quand tu t'es annoncée, ma mère m'a « jetée » à la porte des urgences et elle est partie sans attendre...*

— Ohhhh....

— *Et après tu es arrivée, et j'avais tellement peur, tellement honte, que je n'ai pas voulu te voir ni te toucher.*

J'avais trop peur de te salir.

Je ne savais pas quoi faire de toi.

Je pensais sincèrement que tu serais plus heureuse avec des parents qui auraient décidé d'avoir un enfant et de l'aimer.

— Tu étais malheureuse de m'abandonner ?

C'est bien ça le mot, n'est-ce pas ?

ABANDONNER ?

Comme on abandonne un chien encombrant à la première station service sur la route des vacances.

Comme on fait semblant de ne pas l'entendre hurler de détresse...

— *Tu as tout à fait le droit de réagir comme ça.*

Tu as le droit de me détester et de m'en vouloir.

Tu as le droit de me rejeter à ton tour...

Ne pleure pas, s'il te plaît, je suis tellement désolée...

— Désolée ???

C'est criminel d'abandonner un bébé, de se désintéresser de ce qui va lui arriver !

Et tu es « désolée » ???

— *J'espère qu'un jour tu réussiras à me pardonner...*

Elle – Moi – 1er contact

Elle est entrée d'un pas mal assuré.

Je n'en menais pas large...

Ainsi cette grande et belle jeune fille était « ma » fille ?

Elle promenait son regard sur moi comme sur un objet curieux. Elle serrait très fort son sac les jointures de ses doigts étaient rouges.

Elle a parlé la première, elle a posé la question que j'attendais et redoutais à la fois :

—Pourquoi ? »

Que répondre à ça ?

Comment cette jeune femme de 21 ans, cette inconnue que mon ventre avait portée pourrait-elle comprendre en si peu de temps la misère dans laquelle se déroulait ma vie à l'époque ?

Je la regardais : bien mise, des vêtements soignés, visiblement bien éduquée...
Je mesurais le décalage énorme entre mes 21 ans et les siens...

Mes larmes pointaient au fur et à mesure que nous échangions...
Je tâchais de les retenir, ce n'était pas à moi de pleurer...
Et puis elle s'est mise à exprimer sa colère et son ressentiment.
Plus elle parlait, plus j'avais envie de n'être jamais venue.
En même temps, je lui reconnaissais le droit de dire tout ce qu'elle m'a dit, malgré la dureté de ses propos.
Je le lui ai dit.

Je n'ai pas trouvé de meilleur mot que « désolée » en réponse à ses reproches.

Elle prononçait les mots « abandon », « désintérêt », se comparait à un chien sur la route des vacances...
Et moi, imbécile, je lui ai répondu que j'étais « désolée ».

Bien sûr, le mot lui a paru ridicule, au regard des événements, au regard de la gravité de mon acte et de ce qui aurait pu advenir d'elle... Et pourtant, « désolée » est bien le mot le plus proche de la profonde tristesse que je ressens ce soir...
Un paysage désolé, voilà à quoi je ressemble à présent : un grand vide, un désert sans horizon.

...Après lui avoir dit comme j'espérais qu'elle me pardonne un jour, je suis sortie, en caressant très doucement au passage sa main, toujours agrippée à son sac...

Elle n'a pas frémi, pas bougé...

Elle n'a pas non plus repoussé mon geste...

Voilà ce qui a tourné dans ma tête

lorsqu'elle a prononcé ce mot...

Moi – désolée

Désolée !!!

Ce mot m'a tuée !

Comment pouvait-on être désolée d'avoir repoussé, abandonné, rejeté son propre enfant ?

Voilà ce qui a tourné dans ma tête lorsqu'elle a prononcé ce mot...

Voilà ce qui a déclenché ma rage...

Moi, je suis « désolée » quand j'arrive en retard, quand je rate un gâteau, quand je marche sur les pieds de quelqu'un...

Désolée...

Je suis restée un moment dans le petit salon de l'avenue de Ségur après « son » départ...
J'ai fermé les yeux un moment, touchée malgré moi par son geste de tendresse, sa main effleurant la mienne si crispée...

Impossible de m'en défendre : il y avait de l'amour et de l'espoir dans ce geste...
Je n'y ai pas perçu d'exigence et je lui en ai été reconnaissante...

La femme qui m'avait reçue avant l'entretien est venue me rejoindre.
Elle m'a proposé de m'asseoir un moment et de parler de ce qui s'était passé...

Si je le désirais bien sûr....

Je l'ai poliment remerciée et je suis partie...

J'ai marché un moment, comme chaque fois que j'ai un tracas, une tristesse...

Au bout d'un moment, j'ai appelé Véronique.
C'est elle que j'avais envie de voir.
Elle qui pouvait le mieux m'écouter...
Arrivée chez elle, j'ai enfin pu laisser couler les flots de larmes qui oppressaient ma poitrine...

Une fois ce poids déposé, j'ai téléphoné à la maison.

Tom a répondu, il était soulagé de m'entendre, ne m'a pas questionné, m'a glissé un « *j't'aime sister* » comme à son habitude et m'a passé Maman.

Maman m'a juste demandé si j'allais bien, sans autre question.
Je lui ai répondu que ça allait, que je rentrerais demain, que je passais la soirée avec Véronique et resterais dormir chez elle.

Si cela ne la dérangeait pas.

Bien sûr cela l'a inquiétée mais elle m'a juste répondu

— OK ma fille, tu fais au mieux pour toi... Je t'aime ma chérie ».

Avant de raccrocher, je lui ai demandé ce qu'elle pensait du mot « désolée »...

— On en parlera demain, ma grande, à tête reposée, si tu veux bien... »

Elle m'a demandé aussi la gentillesse d'appeler mes grands-parents, ils s'inquiétaient un peu...

Elle – et maintenant ?

Je navigue entre espoir et désespoir depuis cette rencontre...

J'en ai parlé avec Xavier bien sûr...

J'étais un peu mal à l'aise, vu sa propre expérience...

Mais il m'a rassurée vite fait là-dessus : pour lui tout est clair depuis qu'il a rencontré sa mère biologique, les deux situations sont complètement différentes.

Il était d'accord avec moi, sur le mot « désolée » et l'image que j'en ai...
Une image d'adulte, pas une image d'enfant perdue...

Il était d'accord avec elle pour sa colère, il a trouvé que c'était sain.
Il était rassuré par le fait qu'elle n'avait pas repoussé mon geste de tendresse.

Il a posé sa main sur mon ventre à peine rond et a doucement caressé notre enfant tout neuf, bien au chaud...
Il lui a parlé doucement : de sa maman, sa merveilleuse maman qui veillerait toujours sur lui, de sa maman courageuse et volontaire...

Sa main a ensuite doucement remonté vers ma poitrine, qu'il a lentement caressée, puis vers mon visage dont il a dessiné le contour du bout des doigts, les yeux fermés.

Il a suivi le dessin de ma bouche.

Il a ouvert les yeux et m'a fixé amoureusement.

Il m'a embrassée comme au premier jour, m'a porté jusqu'à notre chambre et m'a fait l'amour avec une délicatesse, une sensualité attentive, qui m'ont touchée en plein cœur...

Xavier, mon amour...

Si tu me respectes si tendrement, c'est donc que je ne suis pas si mauvaise, n'est-ce pas ?

La fin de cette journée , si douce après la tempête, m'a permis de plonger dans une nuit sans rêve mais reposante...

Au matin, j'avais retrouvé mon sourire sinon ma légèreté et j'ai remis les pieds dans mon quotidien avec bonheur.

La boutique, bientôt à moi pour de bon...

Mes fidèles clients et quelques nouveaux, qui chaque fois me

font découvrir des horizons inconnus...
Mon mari que je bénis chaque jour de m'aimer ainsi...
Mes parents qui ont tellement « progressé »...
Sophie et sa petite famille qui va encore s'agrandir... un 3ème enfant !

Et quelque part, dans la capitale, un petit bout de moi...

Un petit bout de moi dont j'espère qu'elle voudra me revoir...

Leïla...

Merci Solange, ce prénom est très beau, elle le porte bien...

Dimanche midi, chez mamie et papy, j'ai regardé la table, à laquelle il manque un couvert depuis quelques années maintenant

Moi – apaisement

J'ai beaucoup discuté avec Maman depuis l'autre jour.

Elle m'a expliqué en quoi ce fameux mot « désolée » pouvait avoir de force, bien plus que je ne le supposais.

Désolée, ravagée, désertée...

Désolée...

Papa m'a cité cette phrase d'Alexandre Dumas : « *Il faisait un temps affreux ; la nature, désolée, se fondait en pluie, de cette pluie froide et torrentueuse qui annonce l'hiver.* »

Tout à coup, en entendant cette phrase, j'ai ressenti la grande douleur que ma mère avait voulu m'exprimer...

J'ai compris que c'était moi, qui utilisais le mot « désolée » de façon futile.

J'ai compris qu'elle n'aurait pas pu en trouver un autre qui traduise aussi bien ses sentiments...

Dimanche midi, chez mamie et papy, j'ai regardé la table, à laquelle il manque un couvert depuis quelques années maintenant et j'ai dit à mes grands-parents :

— La table est si désolée maintenant que papy est parti... »

Ils m'ont regardée bizarrement, mais mes parents, eux, m'ont adressé un sourire de connivence et de satisfaction...

Je suis prête à présent à reprendre contact avec elle.

Avec Mathilde...

Je ne pourrais jamais l'appeler « maman »...

Ce mot est réservé, préservé, propriété privée...

Maman, c'est toi : toi qui as veillé sur mes rires et mes chagrins d'enfants, toi qui sais depuis toujours les mots et les gestes qui m'apprivoisent, toi qui n'as jamais failli et qui me tiens la main sur mon trajet de vie...

Ma Maman...

La semaine prochaine, je commence à travailler...

Je suis un peu stressée, mais si heureuse...

Tom se moque de moi :

— Tu vas être riche maintenant, tu pourras me payer plein de trucs, hein, sister ? »

Dans le fond, ça lui fait drôle que je parte travailler, ça lui paraît si loin à lui !

Surtout si effectivement il s'obstine et se lance dans des études de médecine !

La semaine prochaine, je rappellerai le bureau de recherches.

Je demanderai à la revoir.
Mais ailleurs.
Dans un lieu plus intime.

Je n'ai plus peur....enfin presque....

Elle – soulagement

La responsable de mon dossier m'a contactée il y a 3 jours : Leïla désire avoir mes coordonnées !

Je dois aller signer un papier pour les autoriser à les lui donner...

Quel coup au cœur en recevant cet appel !

J'ai dit « oui, oui...bien sûr ! »

J'ai raccroché et je me suis assise.

J'oscillais entre joie, surprise et angoisse.

Je me suis mise à pleurer, de soulagement surtout...

— Leïla veut me voir , elle veut me parler !!! »

Je chantais, je criais, je riais et je pleurais tout à la fois !

Xavier, qui arrivait au même moment d'un rendez-vous en ville, s'est mis à danser avec moi dans le magasin !

Dans mon ventre, mon bébé tout neuf me semblait remuer, demander sa place dans la danse.

Tout à coup, j'ai aperçu de l'autre côté de la vitrine des gamins qui nous regardaient, morts de rire et l'index sur le front.

J'ai ouvert la porte et je leur ai dit :

— Entrez, venez rire avec nous, c'est fête aujourd'hui, je vous offre une petite voiture à chacun ! »

Ils n'ont pas compris mais ont profité de l'occasion sans se faire prier !

A l'heure de la fermeture, nous sommes allés boire un verre en terrasse, le cœur léger.

Demain j'ai rendez-vous pour le fameux papier à signer.
J'aurais voulu y voler dès le coup de téléphone, mais ce n'est pas protocolaire...
Il faut consulter son agenda, caler un rendez-vous bien précis...

Moi, je veux voir ma fille, je veux lui dire tout tout tout, elle y a droit.

Je veux savoir quelle est sa vie.
Je veux savoir si elle est amoureuse.
Je veux savoir si elle est moins en colère.
Je veux lui expliquer le mot « désolée ».
Je veux lui dire toute la reconnaissance que j'éprouve envers

ses parents.

Je veux lui dire que jamais je ne chercherais à prendre leur place...

Je veux tellement de choses que la tête me tourne...

Demain soir, nous dînons chez Sophie...

Ça tombe bien, j'ai besoin d'en parler avec des « vrais » amis.

J'ai besoin qu'on m'aide à trier mes idées.

Sophie est la fille idéale pour ça...

Je crois que Xavier est un peu jaloux... mais il en rit lui-même !

Vivement demain !

Beaucoup de challenges dans ma vie depuis quelques semaines...

Moi – renaissance

Ma tête va exploser je crois...

Beaucoup de challenges dans ma vie depuis quelques semaines...

Travailler !
J'attendais tant ce moment...

C'est comme surréaliste, se lever le matin pour aller au boulot !

Je suis pour le moment en phase d'observation : je ne m'implique pas vraiment dans les discussions entre « vieux de la vieille »...

J'attends...tranquillement...

Je prends le temps de mieux connaître les uns et les autres et de mieux comprendre les rapports entre eux et les contentieux aussi.

Pas facile, mais au moins cela m'évite de prendre des positions qui pourraient me coûter cher...

C'est marrant de passer de stagiaire à employée...
Marrant et pas évident...
J'ai en charge un petit groupe de gamins...
Je ne perds pas de vue ma jeunesse et leur statut d'enfants difficiles, violents pour certains...

Je sais qu'ils ne me rateront pas, et qu'ils essaieront de profiter de ma jeunesse...

Heureusement le soir, je téléphone souvent à Léo, qui travaille dans le même genre de conditions, ça nous permet de partager nos expériences débutantes...

Et j'ai Tom, aussi, dont l'âge est proche de celui de ces gamins :

il m'explique plein de trucs sur leur mœurs d'ados, leurs comportements et leurs réactions.

Je ne suis pas beaucoup plus vieille, mais quand même...
...Et puis, il y a...Mathilde !

Je me répète ce prénom de temps en temps, le soir en m'endormant surtout...

Mathilde, comment était-elle à 21 ans ?
Est-ce qu'elle était heureuse ?
Est-ce qu'elle pensait à moi ?
Est-ce qu'elle s'inquiétait pour son bébé qu'elle avait laissée seule, toute seule un jour d'hiver ?

Elle a accepté de me faire parvenir ses coordonnées...

Depuis, je tourne et retourne le papier entre mes mains, le garde bien au chaud dans la poche arrière gauche de mon jean, celle où je range toujours les papiers importants, la seule que je n'oublie jamais de vider avant le lavage...

Je vais appeler bientôt...

Dès que j'en aurai le courage...

Oui, bientôt...

Elle – appel

Le téléphone a sonné ce matin...

J'étais juste levée, ma tasse encore vide à la main...
La voix ensommeillée, j'ai répondu un « allo » somnolent, peu engageant...

Silence à l'autre bout...

— Allo ??? »

Alors une petite voix a répondu :

— Ma...thilde ? »

— Oui, c'est moi ! Vous êtes qui ? »

— Ta fille...Leïla...Je te dérange, là ? »

Un rien agressif, le ton.

Un rien inquiet...

J'ai posé une main sur mon ventre spasmé et j'ai soufflé...

Leïla...

— Il est beau ton prénom ! Il te va bien... »

— Oui, il signifie « nuit », une longue nuit... »

La conversation prenait un tour qui me déplaisait...

Alors j'ai coupé court et je lui ai demandé si elle voulait qu'on se voit.

— Pas avenue de Ségur, si possible...

— Oh non, pas là ! » elle a répondu...

Ouf ! On était au moins d'accord sur quelque chose...
On s'est mises d'accord sur le lieu : le parc Montsouris, à l'entrée principale...

Rendez-vous vendredi après-midi, après son travail, vers 17h...

— Ok ma fille, pas de problème...

Ma fille...

— Très bien, alors... à vendredi...Mathilde... »

— A vendredi, ma... euh... Leïla »...

J'ai raccroché et avalé mon café refroidi, sans penser à rien...

Je me suis apprêtée pour la journée, avec des gestes automatiques...
La journée s'est passée ainsi, un peu dans le brouillard..
Heureusement, il y a eu peu de clients, peu d'efforts à fournir

pour être disponible...

Vers 19 h, j'ai appelé mes parents : mon père est malade, son foie n'en peut plus des bières à répétition...
Ma mère était fatiguée, inquiète, je n'ai pas voulu en rajouter, je l'ai embrassée fort et j'ai raccroché, un peu frustrée, un peu égoïste...

J'ai appelé Sophie, mais elle était partie à la maternité...

Xavier est en déplacement en Amérique Centrale...

Pas le moment de le perturber...

Je me suis sentie seule et perdue, fragile à nouveau...

Sauf que dans mon ventre un cœur bat...un cœur plein d'amour...

Et si je retournais à la maternité, voir Solange, Solange « l'ange bleu » ?

Il était tôt, vers 7h du matin...

Moi – appel

Voilà, je l'ai fait.

J'ai pris mon courage à deux mains, mon petit papier tout chiffonné et j'ai téléphoné.

Téléphoné à Mathilde.

Il était tôt, vers 7h du matin. .

Je crois qu'elle dormait encore.

Sa voix ensommeillée m'a agacée et j'ai failli m'énerver...
Elle n'a jamais été là pour moi après tout, alors pour une fois elle pourrait bien être plus réactive, non ?

Tom m'a regardée alors que mon visage se tendait et m'a fait signe de me calmer...
Tom est d'origine asiatique, cool, chaque chose en son temps...

Moi pas !

Il a repris le cours de ses céréales en me surveillant du coin de l'œil...

Maman et Papa, tranquilles face à leur café, m'ont observée aussi, désapprobateurs...
Papa m'a montré du doigt la pendule de la cuisine...
7h10...
Maman m'a fusillée du regard....
C'est exceptionnel chez elle, réservé aux moments graves...

Alors j'ai compris qu'il me fallait reprendre un peu mes esprits.

J'ai compris que j'étais en train de jouer les tyrans et que ce n'était pas forcément juste ni utile...

J'ai changé de ton et nous nous sommes fixé rendez-vous pour

vendredi, après mon travail.
Au parc Montsouris...

Quand j'ai rejoint tout le monde à la table du petit déjeuner, personne ne m'a rien dit...

C'est ce que j'apprécie le plus dans notre famille : tout ne passe pas forcément par le langage « parlé », on se comprend sans avoir besoin de mots et de bruits pour exister...

Cela a toujours étonné Léo, chez lui c'est si bruyant !!!

J'ai juste dit :

— Merci, j'étais mal partie... Je la vois vendredi... »

Et puis Tom a embrayé sur son Bac, et on a discuté tous ensemble sur ses chances de l'obtenir avec mention.

Tom est très bon élève...
Il a ce petit « je ne sais quoi » qui fait que non seulement il est bon élève, mais en plus il utilise son savoir, se l'approprie vrai-

ment, en fait « son bien »...

Je suis très fière de mon frère.

Il ira loin.

Il réalisera ses rêves humanitaires...

Elle – Solange

Je suis allée me promener lundi matin.

Il faisait doux, un temps qui incite à sourire, qui allège les esprits tourmentés...
Mes pas m'ont portée jusqu'à la maternité...

Comme par hasard !

Cette fois, je ne suis pas montée.

Je n'avais pas le courage de voir tous ces bébés et leurs mamans...

J'ai demandé à l'accueil s'il était possible d'appeler Solange de la part de Mathilde.

L'hôtesse était sympa, elle m'a souri largement et m'a priée d'attendre.
Bon, ça commençait plutôt bien !
Je suis intimidée dans ces lieux, j'ai à nouveau 16 ans et le cœur si lourd...

L'ascenseur s'est ouvert en face de moi et Solange en est sortie.

Elle était fatiguée.
Elle avait travaillé toute la nuit.
J'étais navrée de venir l'ennuyer alors qu'elle avait tant besoin de repos...
Mais elle m'a souri, contente de me revoir.

Elle m'a priée de l'attendre encore 5 minutes, si ça ne me gênait pas...

Me gêner ?
Manquerait plus que ça...

Avant de monter chercher ses affaires, elle a glissé son regard sur mon alliance et sur mon ventre, sans un mot...
Nous sommes allées dans un café pas loin, on a pris un petit déjeuner bienvenu...
On est restées là au moins 2 heures !

Au début, les mots s'emmêlaient dans ma bouche, je ne savais pas par où commencer, ni comment dire les choses...

Et puis, c'est sorti tout seul, un peu en vrac...

Je lui ai raconté les courriers, l'administration, l'attente, l'angoisse, le cœur qui tressaute...

Je lui ai raconté le petit salon, la rencontre, le choc de voir cette belle jeune fille, le profond désespoir et le sentiment d'avoir tout raté, ses premiers pas et ses premiers sourires, ses rages de dents et ses rages de cœur...

Je lui ai raconté le mot « désolée », la violence des reproches reçus en pleine poitrine.

Je lui ai raconté ma main frôlant la sienne, sa main ne repoussant pas la mienne...

Je lui ai raconté ma fierté de la voir si belle, si visiblement épanouie...

Je lui ai raconté la petite pointe de jalousie inattendue de n'être pas celle qui lui avait permis cet épanouissement.

Je lui ai raconté le Parc Montsouris vendredi...

Elle m'a écoutée, patiemment, puis m'a dit :

— Ne t'inquiète pas, tout ira bien »

Elle m'a remerciée d'être venue...

Elle m'a embrassée comme une mère et est partie se reposer...

Nous avons rendez-vous du côté de l'avenue Reille, au pied de la Colonne de la Paix Armée...

Moi – Montsouris

La journée m'a paru longue, longue...

Pourtant, je n'ai pas le temps de m'ennuyer au boulot !
Pas un instant de répit avec ces ados !
A 16h30, je n'ai pas demandé mon reste et j'ai filé comme une flèche...

Sur le chemin, j'ai téléphoné à la maison, faire un bisou à Maman , même sur le répondeur, je sais qu'elle en a besoin aujourd'hui...
Moi aussi...

Tom était déjà rentré, on a causé un petit peu...

Un peu de chaleur familiale pour me donner du courage.

Et me faire sourire aussi : Tom sur son petit nuage amoureux...il est trop craquant !

Enfin la grille du parc Montsouris se dresse face à moi...

J'entre à pas lents...

Il fait beau, des enfants jouent sous le regard de leur mère ou de leur nounou.
Les gens sont gais, c'est un beau week-end qui s'annonce...
J'avance dans les allées encore fleuries, ça sent bon l'automne débutant et l'été qui s'attarde...
Je suis toujours impressionnée par la majesté des arbres de ce parc...

Nous avons rendez-vous du côté de l'avenue Reille, au pied de la Colonne de la Paix Armée...

Moi, je veux la paix aussi, mais désarmée...

Je suis arrivée à l'endroit dit, je me suis assise sur un banc et j'ai sorti un livre, histoire de me donner une contenance...

Je ne l'ai pas entendue arriver...
Elle s'est assise à côté de moi...

— Bonjour, Leïla »

J'ai tourné la tête vers sa voix: elle me regardait avec tendresse, avec espoir aussi...
On aurait dit un petit enfant attendant le pardon de sa Maman. .

Je lui ai souri :

— Bonjour, Mathilde...Je suis contente de te voir... »

Nous nous sommes levées sans nous concerter, prise par la même envie de déambuler en silence sous la protection des feuillages jaunissants des arbres.
Nous nous sommes arrêtées un moment sur l'un des trois ponts qui séparent les pelouses de ce jardin fabuleux.

Nous avons tendu l'oreille, essayé de capter les chants des geais, des mésanges...

Nous étions bien, nous étions calmes, nous étions en harmonie...

Pas de paroles inutiles...

Juste une rencontre sans animosité, sans rancune...

Il est déjà près de 19h, il me faut rentrer...

— Si tu veux, on se revoit vendredi prochain ? »

Oh oui, je le veux !...

Elle – Montsouris

Aujourd'hui, je n'ai pas ouvert le magasin : « *fermeture exceptionnelle* » clame ma pancarte !

Normal pour un jour exceptionnel...

Je ne me sens pas particulièrement inquiète, pas forcément très à l'aise non plus...

mais une certaine sérénité m'habite cette fois.
Merci Solange...

Ce midi, j'ai déjeuné chez mes parents.
Repas moyennement gai : maman est crevée, papa est affaibli, déprimé...
La maladie le ronge, l'invalidité lui pèse...
Du coup, ça le rend plus humain dans ses rapports aux autres...
C'est triste mais réel...
Je n'ai pas traîné chez eux, pas envie de me laisser envahir par la morosité ambiante...
Je suis donc partie assez tôt, j'ai flâné dans Paris tout doux et tout calme pour une fois, j'ai évité de penser à ce que j'allais « lui » dire.

Ne rien préparer surtout.

Laisser place au spontané, aux émotions du moment...

Et me voilà boulevard Jourdan, devant la belle grille du parc

Montsouris.

Un petit salut à l'imposante statue équestre de l'entrée, celle du général “je ne sais plus quoi”...

J'avance sans me presser vers notre point de rencontre.

Je veux prendre le temps de trouver une respiration calme, d'emplir mon être de parfums, d'odeurs, de couleurs et de sons pleins d'harmonie...

...La Colonne de la Paix Armée...

Assise sur le banc, je « la » vois, de dos, un livre à la main, tranquille...
Je m'attarde un instant sans bruit, je la regarde, je m'en régale...

Cheveux libres, bruns et bouclés, courte veste rouge, longue jupe d'où dépassent des chevilles fines prolongées par des ballerines plates, confortables...

Elle doit aimer marcher...

Comme moi...

Elle est belle, un port de tête fier, une certaine assurance émane de sa personne...
Je m'assieds à ses côtés :

— Bonjour Leïla ».

Je suis pleine d'espoir et de crainte mélangés...

Mais son sourire me fait fondre...
Nous nous levons et nous marchons de concert, en silence et en paix...

Une promenade tranquille, pleine d'échanges sans besoin de mots...

19h...Elle doit partir...

On se revoit la semaine prochaine...

Assise sur le banc, je « la » vois, de dos, un livre à la main…

Moi – début de réponses

Nous nous sommes revues aujourd'hui.

Cette fois-ci nous n'avons pas marché en silence dans le parc. Nous avions des choses à nous dire.

Comme il faisait frais et pluvieux, nous sommes allées nous abriter dans le kiosque à musique, désert en cette saison…

Je lui ai reposé LA question essentielle :
« Pourquoi ? »

Et là, j'ai accepté d'écouter sa réponse sans l'interrompre, sans l'agresser…

Mon père s'appelle Fred.

C'était un beau garçon, très courtisé.

Pour les filles, c'était « la classe » de passer entre ses bras...
Sauf que Mathilde, elle, était naïve, elle a cru au Grand Amour...
Elle avait 16 ans, une famille désunie, ou mal unie, besoin d'être reconnue, d'être valorisée...

Elle a couché avec lui sans réfléchir,comme on cherche à prolonger un câlin, à s'engouffrer dans l'autre pour ne plus exister seul...

Après ça, Fred s'est désintéressé d'elle, il avait eu ce qu'il voulait.
Mathilde n'a pas compris, elle s'est accrochée à ce qu'elle prenait pour de l'amour, elle le croyait lointain parce que pudique...
Quand elle a compris qu'elle était enceinte, elle a hésité entre la joie et le désespoir.
Elle a bien sûr prévenu Fred immédiatement...
Mais il a lui a tourné le dos, a refusé de lui parler à partir de ce moment.

Il était trop tard pour avorter.

De toute façon, elle n'y a même pas pensé, le ciel venait de lui tomber sur la tête !

Elle a accouché seule, sans tendresse à ses côtés...

A part Solange, la nurse en bleu.

Celle qui m'a offert mon prénom...

Mathilde est rentrée chez ses parents déprimée.

Elle a même pensé à se suicider...

Et puis elle a retrouvé sa meilleure amie d'enfance, qui lui a ouvert sa porte et son cœur...

Peu à peu, elle s'est reconstruite...

Elle est mariée.

Elle attend un enfant...

Elle a toujours voulu savoir ce que j'étais devenue, mais elle avait peur, peur de me décevoir, peur aussi de se retrouver face à une adolescence qui l'avait tellement fait souffrir...

Nous avons décidé de nous revoir, de poursuivre cette conversation.
Nous avons décidé aussi d'aller voir Solange toutes les deux...

Toutes les deux...

Je suis contente d'en savoir un peu plus, mais je ne peux pas empêcher la colère de monter en moi quand je pense à mon géniteur, Fred...un salaud...et Mathilde ?

Comment peut-on être aussi crédule ?

Elle – début de réponses

Il faisait un temps plutôt gris aujourd'hui.

Pas un temps à promenade dans les allées d'un parc.

Alors nous nous sommes réfugiées dans le kiosque à musique, qui n'appartenait qu'à nous en cet après-midi pluvieux.

Et là, je lui ai raconté...

Elle ne m'a pas interrompue, ni agressée.
Elle m'a écoutée sagement, jusqu'à la fin.

De temps en temps, je voyais ses sourcils se froncer, son nez se plisser, ses mains se crisper...
De temps en temps, je voyais ses yeux s'embuer, ses lèvres se serrer...
De temps en temps, elle poussait un profond soupir...

J'ai tout déballé sans m'arrêter, à peine pour reprendre mon souffle.
M'arrêter aurait signifié éclater en sanglots et ça, je ne le voulais pour rien au monde...

Je lui ai raconté Fred, son bagout, ses yeux séducteurs, sa lâcheté...
Je lui ai dépeint ma naïveté, ma pauvre vie si triste d'adoles-

cente, le désastre qu'était alors le couple de mes parents...

Je n'ai pas voulu dire combien j'étais écœurée par Fred, ni quel pauvre type il était (est?)...

Aussi moche et sale qu'il soit, c'est son géniteur quand même, son père biologique...
Elle en porte une partie en elle...

Le salir, c'est salir également un bon morceau d'elle-même...

Je lui ai parlé sans retenue de cette longue période de dépression, de ces envies de suicide qui m'ont poursuivie longtemps, me prenant même parfois au dépourvu, en pleine période de bonheur et de liesse.

Je lui ai beaucoup parlé de Sophie, de ses parents, de cette amitié merveilleuse que je ne soupçonnais pas avant de l'appeler, comme la dernière bouée de sauvetage...

Elle s'est révélée la seule bouée digne de confiance...
J'ai espéré qu'elle connaisse la même qualité d'amitié, elle a ac-

quiescé d'un léger mouvement de tête.

Je lui ai décrit Solange, cette infirmière en tenue bleue, qui a été notre lien pendant les quelques jours à la maternité.

Solange qui ne juge pas, qui tend la main, qui ouvre son cœur et donne de son temps...
Solange qui lui a donné ce si joli prénom...
Solange mon « ange bleu »...Nous avons décidé d'aller la voir ensemble un de ces jours.

Nous avons aussi l'intention de poursuivre cette discussion , d'en apprendre plus l'une sur l'autre...

Je suis fatiguée ce soir...

Alors nous nous sommes réfugiées dans le kiosque à musique

Moi – déboussolée

Depuis quelques temps, je suis souvent absente de la vie familiale.

Maman s'en afflige.
Papa s'inquiète.
Tom m'observe à la dérobée, préoccupé.

Je sais, je passe beaucoup de temps ailleurs...

Même quand je suis là, je m'isole souvent, je m 'évade dans mes pensées...

J'imagine comment aurait été ma vie si « elle » m'avait acceptée...
Si « elle » ne m'avait pas abandonnée.

Si « Fred » avait été autre, si ça lui avait fait plaisir que j'arrive au monde, si il avait été amoureux de Mathilde...

Si si si...

Je me suis mise à écrire cette vie telle qu'elle aurait pu se dérouler...

Je me dis que ça pourrait être marrant de vivre auprès d'une mère de seulement 16 ans de plus...
J'ai l'impression de vivre une vie parallèle dans ma tête.

Tout se mélange.

Je ne sais plus trop où j'en suis.
J'ai du mal à me concentrer même au travail.

Mais mon cerveau est perturbé, mes idées sont embrouillées.
J'ai de grandes envies de pleurer.
J'ai de grandes envies de chanter et de danser .

Bref, j'oscille d'une humeur à l'autre, je mets en péril l'harmo-

nie de la maison.
Il m'arrive même d'envoyer sur les roses mes parents et mon frère.
Comme une crise d'adolescence en retard...

Maman l'a dit l'autre jour :

— Voilà Leïla qui va nous faire une poussée d'acné tardive, ma parole ! »

Je l'ai très mal pris et je suis partie dans ma chambre en tapant des pieds et en claquant la porte.
Comme une gamine !
J'ai poussé le vice jusqu'à mettre la musique à fond, du hard évidemment...
Tant qu'à faire...

J'avais trop honte après...
Je n'osais plus sortir de ma chambre...

Maman est alors venue, elle s'est assise sur mon lit, m'a regardée d'un air navré, puis elle m'a dit d'un ton ferme mais épuisé :

— Maintenant ça suffit, tu vas réfléchir, mais on ne peut pas continuer ainsi... La santé mentale de toute la famille est en jeu. »

Elle – apaisée

Bébé pousse à une allure folle tout à coup !

Comme si le fait de me réconcilier avec moi-même lui donnait une plus grande liberté d'exister...
Xavier photographie chaque soir mon ventre, il est complètement gaga !

Aussi bien l'un que l'autre avons du mal à réaliser que nous allons avoir un enfant, un vrai, un bien à nous, un fait de nos deux êtres...

Parfois je repense avec nostalgie à ma première grossesse, à la tristesse, au désespoir de cette période...

Aujourd'hui, j'ai 38 ans, une vie stable, de l'amour à revendre, des amis sûrs et...des parents attentifs...

Si seulement...

Ma mère est tout émue, elle prend très au sérieux son prochain rôle de grand-mère et cherche une appellation plus originale que « mamie »....

Elle s'est remise au tricot aussi...

Je la regarde faire avec tendresse et un brin d'amertume quand même...

La maladie de mon père est un peu stabilisée, mais il est épuisé par les traitements et passe beaucoup de temps au lit ou assis dans un fauteuil...

Lui qui n'a jamais été très bavard l'est encore moins, il se renferme sur lui-même, supporte mal d'être devenu dépendant des autres...

Pauvre papa...

J'ai trouvé une remplaçante pour le magasin : pas question de continuer de travailler à plein temps après la naissance de mon petit bout !

Celui-là, je l'ai voulu réellement, il (elle?) est un véritable fruit de l'amour.

On l'a rêvé, désiré, conçu dans la plus extrême tendresse...

Luna, ma belle-sœur, est persuadée que son neveu (elle a décidé que ce serait un garçon et y croit dur comme fer) sera gâté - pourri, elle nous taquine sans cesse avec ça !

Elle et Sophie me disent qu'elles viendront redresser la barre avant que ce ne soit dramatique...
Elle me fait rire, Sophie, quand je vois ses lutins à elle, je suis bien tranquille pour le mien !!!

Je revois Leïla régulièrement et on continue de faire connaissance et de suturer les blessures du passé...

Je m'inquiète un peu pour elle, je la sens fragile, indécise, comme si elle remettait en question ses parents adoptifs, la vie qu'elle mène avec eux depuis...toujours...

Je ne voudrais pas qu'elle fiche tout en l'air.

Je ne voudrais pas qu'elle pense pouvoir vivre avec moi, réinventer le passé.

Sa vie à elle, c'est dans sa famille, celle qui l'aime et qui a toujours été là pour elle.

Nous allons rencontrer Solange bientôt...

J'ai l'impression de vivre une vie parallèle dans ma tête.

Moi – réagir

Le plus gros de la crise est passé, je reprends pied dans « ma » vie...

J'ai blessé mes parents et mon petit frère et failli faire exploser notre unité.
Je ne pensais pas réagir aussi violemment.
Autant j'ai craint cette rencontre, autant ça m'a tourné la tête...
Au lendemain de ma grosse crise, celle où Maman est venu me parler dans ma chambre, je lui ai demandé de m'accompagner chez le médecin.
Cette femme me connaît bien, c'est ce qu'on appelle un vrai « médecin de famille »...
Il en existe peu alors nous la choyons !

Je voulais que Maman soit présente lors de mon rendez-vous, je voulais quelle entende mes ressentis, je voulais surtout l'associer à mes états d'âme, comme je l'ai toujours fait...

J'ai parlé un long moment.
J'ai expliqué mes angoisses et mes nuits sans sommeil.
J'ai expliqué ma colère et mon envie de faire mal à cette femme qui m'avait repoussée.
J'ai expliqué le bonheur de la découvrir si « désolée » et si franche.
J'ai expliqué l'attachement que je ressentais, comme une reconnaissance de mes racines.
J'ai tremblé et pleuré...

Maman pleurait aussi, assise un peu en retrait...

Enfin je me suis tournée vers elle et je l'ai regardée...
J'ai attendu qu'elle reprenne son souffle.

Quand elle a été apaisée, je lui ai dit :

— Maman tu sais que je t'aime et que c'est toi, Ma Maman. Toi, Papa et Tom, je ne serais rien sans vous et votre amour !...

Seulement il m'arrive là quelque chose d'extraordinaire, qui me trouble énormément et je ne sais pas en parler avec vous parce que j'ai trop peur de vous heurter... »

Elle n'a pas répondu, elle avait l'air un peu assommée...

J'ai ajouté :

— Je voudrais que vous me laissiez traverser cette période sans intervenir, j'en ai vraiment besoin pour savoir qui je suis réellement, pour réussir à construire ma vie d'adulte, pour trouver mes marques à moi ».

Maman a ouvert la bouche :

— Je comprends ton trouble, MA Leïla, je savais que ce moment viendrait. Pardonne-moi, c'est si violent pour moi. J'ai l'impression de ne plus te reconnaître parfois, ça me fait peur... »

Le médecin est intervenue pour nous aider à tempérer un peu nos émotions.
Elle a parlé un bon moment avec nous deux.

Puis elle a prescrit un léger anxiolytique à Maman, malgré ses réticences...

Moi, elle m'a arrêtée pour 2 semaines, m'a conseillé d'aller chez mon amie Véronique...
J'y suis depuis dimanche et je reprends peu à peu pied...

Je dois retourner la voir à mon retour.

Elle – déterrer les secrets

C'est un garçon !

Xavier est fou de joie et moi, je dois reconnaître que je me sens soulagée...
Avoir une fille, alors que je viens de retrouver celle que j'ai abandonnée il y a 22 ans m'aurait culpabilisée à mort...

J'ai bien vu comment Leïla regarde mon ventre chaque fois

qu'on se rencontre, à la dérobée, sans rien en dire...

On a commencé à se quereller gentiment au sujet du prénom, ça aussi je me rends compte que c'est un cap difficile...
On est toujours rejoint par son passé, parfois c'est cruel, ou juste douloureux, mais jamais simple...

Avant de devenir enfin « Maman », j'ai voulu mettre au clair les secrets de famille avec mes parents : mes grands-parents, pourquoi ne m'en ont-ils jamais parlé ?

Quel secret si terrible se cache derrière ce silence ?
Alors j'ai appelé ma mère et je lui ai demandé si elle et papa voulaient bien m'expliquer.
Gros soupir à l'autre bout du fil...
J'ai insisté.
Il FAUT que je sache.

Quand je suis arrivée chez eux, j'ai eu l'impression qu'ils s'étaient disputés : maman avait les yeux rouges et papa faisait semblant de dormir dans son fauteuil.
Sur la table, il y avait une boîte en carton, toute pleine de pous-

sière...

Maman m'a dit :

— Ouvre-la ».

Je me suis assise et j'ai soulevé le couvercle de la boîte...

Mon cœur battait la chamade.

L'atmosphère était d'une lourdeur !

Sur le dessus il y avait un livre, un livre épouvantable : « Mein Kampf »...
Je l'ai sorti du bout des doigts et balancé loin de moi.
Dessous, il y avait une écharpe décorée de la croix gammée...
Balancée aussi...

Et puis un cahier tout jauni, que j'ai ouvert la peur au ventre.

Et j'avais raison d'avoir peur : ce cahier était noirci d'une écriture fine et régulière, serrée et sans rature...

C'était un ramassis de diffamations de toutes sortes, d'insultes antisémites, de compte-rendus quasi quotidiens sur les activités d'un certain Samuel et sa femme Léa, qui semblaient les bêtes noires de l'auteur de ces écrits.
J'ai regardé ma mère, incrédule :

— Qui a écrit tout ça ? »

— Ton grand-père, mon père »...

J'ai cru m'évanouir...

Je n'ai pas regardé la photo de mon grand-père, au fond de la boîte...

Peu à peu, j'ai l'impression de redevenir moi-même.

Moi – repos

Véronique vit en banlieue de Paris.

Elle habite un joli appartement au premier étage d'un pavillon en meulière.
Au rez-de chaussée habite la propriétaire, une dame âgée et veuve, un peu suspicieuse mais plutôt gentille...

La journée, Véronique travaille et j'en profite pour dormir, regarder des navets à la télé, aller faire de longues promenade dans la campagne proche...
Le soir, on reste tranquilles toutes les deux, on retrouve nos habitudes d'ados, excepté le chocolat dont nous nous gavons moins...

On discute de tout et de rien...

On discute des chamboulements de nos vies respectives...
De ses parents avec lesquels elle reprend peu à peu une relation sinon très affective, en tout cas plus « normale », qui lui permet de voir son propre avenir avec plus d'espoir...
De Mathilde et de Maman, de mes indécisions et de mes frustrations, de la difficulté d'allier les deux amours qu'elles m'offrent...

On parle et on ne juge pas.
On parle et on se donne des conseils.
On parle, on rit, on pleure...

Ça fait du bien d'être à nouveau « entre nous », de se rejouer des scènes d'école ou de collège, de dire du mal de nos anciennes compagnes de classe...

Peu à peu, j'ai l'impression de redevenir moi-même.

J'étais en train de me perdre, de partir dans tous les sens et là j'y vois un peu plus clair...

Véronique m'a dit l'autre soir :

—Ta Maman, tu sais, elle est vraiment formidable, elle t'aime comme une folle, j'en ai toujours été jalouse, cette façon qu'elle a toujours eu de te regarder, même quand tu faisais des bêtises.. Pourquoi est-ce que tu ne considérerais pas Mathilde comme une grande sœur ? Après tout, elle n'a que 16 ans de plus que toi, c'est fréquent dans les familles recomposées... »

Lumineux, ce raisonnement !

Effectivement, Maman restera toujours Maman, c'est impossible autrement !

Et oui, Mathilde pourrait être ma grande sœur !

Un bon compromis pour me permettre de gérer tout ça et de faire le tri dans mes sentiments...

Un bon moyen de donner et accepter l'amour de chacune, sans blesser Maman en particulier...

Sans me blesser moi-même non plus...

Sans être si furieuse après ce gros ventre...

Elle – douloureux secrets

Je n'étais pas au bout de mes surprises avec cette boîte.

Hélas...

J'ai demandé à ma mère :

— Tu sais qui étaient ces personnes ? Samuel et Léa ? »

Maman a jeté un regard en coin vers papa, toujours dans son fauteuil.
Un peu plus effondré m'a-t-il semblé...

J'ai répété ma question.

Tant qu'à avoir mal, autant que tout soit déballé d'un coup !

Je sentais que la vérité allait être amère, mais à ce point...
—Oui, je sais qui ils étaient...Samuel et Léa étaient les parents de ton père... »

Papa a éclaté en sanglots, violents, irrépressibles...

Je ne savais plus quoi faire, entre maman tétanisée devant la photo de son père, qu'elle avait fini par sortir de la boîte, et papa en larmes, un papa que je ne reconnaissais pas...

Je me suis levée, je les ai suppliés de se calmer, j'ai entouré mon père de mes bras.
Il tremblait, il suffoquait presque...
Je l'ai serré ainsi jusqu'à ce qu'il se calme un peu...
Ça a duré un bon moment...

Puis je suis allée dans la cuisine, essuyer mes propres larmes et faire un thé pour tous.

Quand je suis revenue dans la pièce avec mon plateau, le calme y régnait à peu près.

Mes parents étaient tous deux assis à la table.

La boîte était renversée à terre.

Maman déchirait minutieusement la photo de son père.
Papa terminait le travail en faisant des confettis des morceaux déchirés...

J'ai posé le plateau sans rien dire et servi une tasse à chacun.

Je suis restée sagement assise sur ma chaise, dans l'attente de la suite.

C'est mon père qui a pris la parole :

— Ta mère et moi étions amis depuis l'école, nous sommes tombés amoureux au fur et à mesure des années. Nous ne savions ni l'un ni l'autre ce qui se tramait du côté des parents de ta mère. Ce qui nous intriguait un peu, c'est que ses parents refusaient toujours de rencontrer les miens. Moi, ils me toléraient tout juste. Je n'ai jamais été invité à leur table...Quand nous avons annoncé notre volonté de nous marier, ça a été un scandale : les parents de ta mère l'ont jetée dehors, on ne les a jamais revus, on ne sait pas où ni quand ils sont morts... Mais avant de disparaître, ils ont eu le temps d'envoyer une lettre odieuse et digne des nazis à mes parents ! Samuel et Léa sont venus à notre mariage, malgré leur blessure. Quelques semaines plus tard, ils sont partis en Israël, sans explications, me laissant juste cette lettre immonde...Je suis allé les voir une fois, mais ils voulaient que je divorce. J'ai refusé et ils sont morts là-bas, sans leur fils unique...Il paraît qu'ils étaient heureux et sereins en Israël... »

Voilà, je sais tout maintenant... et je suis atterrée...

Un jour, j'oserai en demander un peu plus à mes parents...

Moi – retour

Je suis revenue de mon séjour chez Véronique reposée et les idées plus claires.

Mes parents ne m'ont rien demandé de particulier, juste ils avaient l'air contents de me voir avec une si bonne mine...

Parfois je pense que mes parents sont trop « toujours gentils », qu'un peu d'affrontement ne peut que faire progresser les choses...
Avec eux, il faut réellement une situation extrême pour qu'ils ébauchent un semblant de colère...

C'est super sécurisant à priori mais ça ne reflète pas « la vraie vie »...

Je le leur ai dit, le plus gentiment possible, le soir de mon arrivée...
Ils ont semblé troublés mais n'ont rien dit pour autant...

Par contre, Tom, lui, ne m'a pas ratée !

Sitôt le repas fini, il m'a demandé de venir l'aider pour un devoir de français...
...soi-disant...

Je l'ai rejoint dans sa chambre, un peu inquiète...
Là , il m'a fermement demandé de m'asseoir et de me taire.

J'ai essayé de protester, mais il a posé un index significatif sur sa bouche.

Alors je l'ai écouté...
Il était furieux après moi.

Il m'a dit que ma façon de me conduire était insupportable, que je ne me rendais pas compte de tout le mal que je faisais à tout le monde.

Il m'a dit que je vivais sur un petit nuage, jouant sur tous les tableaux au gré de mes envies.
Que c'était une véritable torture...
Que j'avais été odieuse.

Et qu'est-ce que j'avais été reprocher à nos parents après ces semaines d'errance entre notre famille et Mathilde, qui, il me rappelait, m'avait quand même abandonnée à la naissance ?

Pourquoi leur parler ainsi d'affrontement, alors que depuis deux semaines, ils vivaient dans la crainte que je ne revienne pas ?

Pour qui je me prenais à la fin ?

Est-ce qu'il jouait ainsi avec l'amour de nos parents adoptifs, lui ?

Il m'a dit que oui, certainement il partirait un jour là-bas, à la recherche de ses origines, mais pas de manière secrète, contrairement à moi et mes rencontres avec Mathilde...

Je lui ai répondu que oui, j'avais été maladroite, mais que non, je n'avais pas pu faire autrement sous le coup de l'émotion...

Il m'a jeté un regard noir...

Je suis sortie tristement de sa chambre et avant de me coucher, épuisée, je suis allée embrasser très fort Papa et Maman...

Elle – accepter

Les révélations sur mes grands-parents m'ont fichue en l'air !
Je sentais bien qu'il y avait « un gros cadavre » mais de là à imaginer la réalité...

Contrairement à moi, déterrer ces secrets a fait du bien à mon père !
Il est plus détendu, comme soulagé...

Le partage de cette lourde vérité nous rapproche, il a déposé un morceau de son fardeau sur mon cœur...

Maman aussi est mieux dans sa peau, elle a un comportement plus spontané du coup...

Il n'y a que moi qui ai du mal à refaire surface.

On en a discuté beaucoup avec Xavier, ça lui a foutu un coup, à lui aussi...
On s'est dit que peut-être on pourrait appeler notre fils Samuel...
Puis ça nous a semblé une mauvaise idée, un perpétuel rappel du passé et de la souffrance...

Alors ce sera son deuxième prénom.

Je commence mieux à comprendre pourquoi mon enfance a été si compliquée au niveau affectif.

Il n'y a pas que ce petit frère mort à la naissance.

Lui, c'était « la cerise sur le gâteau » !
Ce petit frère enterré peut-être quelque part et dont je ne sais rien, même pas son prénom...

Ma vie est truffée de prénoms inconnus, absents, dangereux...

Un jour, j'oserai en demander un peu plus à mes parents...

Un jour, j'aimerais pouvoir me recueillir sur sa tombe...si elle existe quelque part...
Je ne sais pas si mes parents ont réclamé son corps ou pas.
Je ne sais même pas s'ils lui ont donné un prénom...

Un jour aussi, je me rendrai en Israël, à la rencontre des âmes de Samuel et Léa.
J'irai dire le Kaddish sur leur tombe.

Papa m'a dit où ils sont enterrés, j'ai rangé précieusement le papier dans ma boîte à bijoux.
Je leur dirai combien je regrette de ne pas les avoir connus, combien leur fils est désolé, combien leur belle-fille est malheureuse en pensant à eux...

Faut-il que mes parents se soient aimés pour que cette horreur ne les ait pas séparés...

Moi qui ai toujours songé en les observant au quotidien que tout les séparait !

Moi qui ai toujours cru à un mariage sans amour !

Quelle manie des humains, que de juger d'abord et de tenter de comprendre ensuite !

Voilà une belle leçon d'humilité en tout cas...

Le meilleur apaisement, je le trouve dans la chambre de mon bébé, assise sur le tapis coloré au pied du berceau.

Pas de nouvelles de Leïla depuis une dizaine de jours...

Les révélations sur mes grands-parents m'ont fichue en l'air !

Moi – mise au point

Comme prévu, je suis retournée chez notre médecin de famille.

Seule, cette fois...

On a échangé longtemps, le temps de prendre la juste mesure de tous ces événements récents...

Après ce rendez-vous, je me sentais suffisamment revigorée et « déculpabilisée » pour discuter calmement en famille.

Alors dimanche après-midi, on s'est retrouvés tous les quatre au salon, comme dans les moments les plus graves.

Et j'ai parlé...

Longtemps...

Calmement...

Je leur ai dit tout mon amour et ma reconnaissance d'enfant, non pas d'enfant adoptée, mais d'enfant tout court.

Ma profonde reconnaissance pour toute cette tendresse dont ils ont bercé mon enfance et mon adolescence, cette douceur avec laquelle ils m'ont aidée à traverser les moments difficiles.

Je leur ai dit l'impact de ma rencontre avec ma mère biologique, le choc de la trouver beaucoup « mieux » que ce que je craignais...ou espérais ?

Je leur ai dit ma « presque déception » de ne pas trouver une femme moche, abîmée par les années, l'alcool, les hommes...

Je leur ai expliqué combien il aurait été plus simple pour moi d'avoir été rejetée par une femme incapable, marginale.

Quand j'ai rencontré Mathilde, j'ai ressenti une profonde rancœur en la voyant si « bien comme il faut ».

En moi était réapparu le sentiment très négatif d'être une personne mauvaise, inintéressante, que l'on ne pouvait que repousser...

Comme pour me faire mal, j'ai continué de la voir, parfois en cachette en effet, et j'ai fini par m'attacher à elle malgré tout...

Et à la maison, je ne savais plus que penser : Papa et Maman toujours si calmes, jamais énervés, est-ce qu'ils étaient ainsi parce que justement je ne valais pas grand chose, que ça ne valait pas le coup de se mettre en colère ?

Je m'étais même demandé s'ils n'avaient pas pitié de moi...

Cette discussion-monologue nous a permis de remettre les choses au clair entre nous tous.

On en est sortis soulagés, plus unis que jamais...

J'ai parlé à Maman de l'idée de Véronique concernant la place à donner à Mathilde dans ma vie.

Elle a trouvé ça très judicieux...

Maman aime que les choses soient bien rangées à leur place...

Elle – sœurs ?

Leïla m'a enfin rappelée...

Je commençais à croire qu'elle ne voulait plus me voir.
Qu'est-ce que j'avais fait pour qu'elle m'ignore ainsi ?
Je le lui ai demandé, après tout je n'avais pas à m'en cacher.

Elle m'a expliqué : elle s'est sentie déboussolée après nos rencontres, perdue dans sa vie tout à coup devenue floue...

Alors elle est partie « en retraite » chez sa meilleure amie quinze jours.

Maintenant elle a repris ses marques et elle est prête à me revoir.

Elle m'a demandé un peu timidement de réfléchir à ça : est-ce que j'accepterais qu'elle me considère comme sa grande sœur et non comme sa mère ?

Elle a insisté doucement :

— Tu comprends, une Maman, j'en ai déjà une et je l'aime, je n'en veux pas d'autre... Chacun doit trouver sa propre place dans une famille, tu ne crois pas ? »

J'ai répondu vaguement :

— Je vais y réfléchir...oui...pourquoi pas ?... »

...C'est une bonne idée...

J'entends déjà mon petit garçon appeler « ma petite sœur » :

—Tata, tu m'emmènes au parc, Tata, tu m'achètes une glace ? »

Je pars dans des rêves très enfantins, où tout le monde s'aime, où personne ne pleure, une vraie gamine la Mathilde !...

Ce doivent être les hormones qui jouent avec mes émotions... En tout cas, ça permettrait à Leïla d'avoir une « vraie » place dans ma vie...et moi dans la sienne...

Parfois me prend l'envie de connaître sa famille d'adoption.

De les remercier aussi d'avoir fait une jeune femme si accomplie du petit bout tout flétri que j'avais laissé au bord de ma vie...

Quand je vois le grand sourire de Leïla, ses yeux vifs et francs, je suis consciente qu'en restant avec moi, elle n'aurait pas eu cette expression-là.

Je crois qu'enfin je suis moins honteuse, presque en accord avec ma décision de ce jour si terne...

J'ai appelé Solange, je lui ai demandé si elle était d'accord pour nous rencontrer toutes les deux.

Bien sûr, elle est même ravie, si heureuse pour nous deux !

On a pris rendez-vous pour vendredi prochain.

Au Parc Montsouris...

Bien sûr...

J'ai rejoint Mathilde au parc Montsouris : c'est un peu « chez nous » maintenant !

Moi – Solange

Nous y voilà...

J'ai rejoint Mathilde au parc Montsouris : c'est un peu « chez nous » maintenant !

Bien sûr, cette fois, Maman et Papa sont au courant de notre rencontre et de son but.

Ils sont un peu inquiets, normal...

Je suis arrivée juste à l'heure cette fois, très prise par le travail...

Du coup, j'étais aussi essoufflée par ma course que par le stress de ce rendez-vous...

J'ai pris 5 minutes pour reprendre mes esprits, assise sur un banc...

Mathilde était déjà au kiosque.

Son ventre commence à être énorme !

Je lui ai fait un sourire en montant la rejoindre, j'étais vraiment heureuse de la voir !

Nous nous sommes embrassées affectueusement et elle m'a dit :

— Salut, p'tite sœur ! ».

— Salut grande sœur !...merci ! »

J'ai eu une pensée amusée pour Tom et son célèbre « sister ! »...

On s'est regardées un moment en silence, puis on s'est levées pour accueillir une femme en tenue bleue qui s'avançait vers nous...

Solange !

Solange, à qui je dois ce joli prénom, à qui je dois « un » prénom...

Elle est arrivée à notre hauteur, tout émue elle aussi...

J'avais perdu ma voix tout à coup...

Ma naissance enfin prenait une forme réelle, face à ce témoin de mes premières heures...

Je lui ai dit :

— C'est vous qui m'avez donné mon premier baiser, c'est bien vrai ? »

Mathilde a réagi :

— Je ne t'ai pas menti, tu sais ! »

Bien sûr, je le savais, mais l'entendre confirmer par Solange me semblait tout à coup indispensable, comme si ma vie en dépendait !
Solange a eu un grand sourire :

— Bien sûr que je t'ai embrassée ! Juste un léger «bisou » sur ta toute petite main de nourrisson, une façon de te dire « *bienvenue bébé, quelqu'un dans ce monde t'attend et t'aime...* »

Mathilde à ces mots a reculé...
Elle pleurait...
Elle disait très bas, une fois de plus :

— Pardon, pardon, pardon.... »

Je l'ai prise par les épaules et je l'ai serrée tendrement...

— Je ne suis plus en colère, tu sais, je crois bien même que je t'aime, Mathilde.... comme une grande sœur à laquelle on tient ! »

Nous avons parlé encore un moment toutes les trois, assises dans le kiosque à musique.
Puis nous nous sommes séparées sur ces dernières paroles de Solange :

— Je suis heureuse de vous voir réunies, profitez l'une de l'autre maintenant, veillez l'une sur l'autre et surtout donnez-moi des nouvelles, sinon...gare à vous ! »

Elle – Solange à deux

Je suis arrivée tôt au kiosque du parc Montsouris...

Xavier m'y avait accompagnée après un repas au restaurant et

une tournée des magasins de poussettes...
Il est rentré le coffre plein de choses pour « bébé » et je suis restée là , tranquille, à attendre...
Je me sentais vaguement anxieuse, cette rencontre n'avait rien de banal !
Mais j'ai pensé que c'était une étape supplémentaire, indispensable...

Leïla est arrivée presque en retard, pour une fois...
Quand je l'ai saluée d'un « *Bonjour p'tite sœur* », elle m'a adressé un si beau sourire de remerciement !

Puis nous avons vu Solange arriver, d'une démarche tranquille dans l'allée ...
Elle avait revêtu sa tenue bleue...
Hasard ?
J'en doute...
Elles se sont observées un moment, aussi émues l'une que l'autre...

Je ne suis pas intervenue de suite...
Solange a raconté les premières heures de Leïla dans ce monde

si rude...
Elles ont parlé « baiser-papillon ».
Elles ont parlé « prénom ».
Elles ont parlé « amour »

A un moment, je n'ai pu me maîtriser et j'ai craqué...

J'ai senti monter les larmes, alors j'ai reculé, le plus discrètement possible...
Et j'ai pleuré, doucement...
Et j'ai répété indéfiniment, à voix basse, encore et encore : « *pardon, pardon, pardon,...* »

C'est Leïla qui m'a porté secours : un bras autour de mes épaules, une étreinte spontanée et même un timide « *je t'aime...* »
Solange nous regardait avec beaucoup de bonheur, ses yeux brillaient...

Elle nous a dit :

— Surtout prenez soin l'une de l'autre, ce qui ne vous oblige pas à renoncer à vos vies personnelles. Vous vivez une situation rare, précieuse, il faut qu'elle le reste. C'est une excellente idée, de vous donner une place de « soeurs », ça clarifie la situation et ça permettra à chacun de conserver sa place dans la famille. Surtout tes parents et ton petit frère, Leïla... Et surtout ce petit bout à venir », a-t-elle ajouté en désignant mon gros ventre...

Un regard en coin à ma « petite soeur » a levé toutes mes inquiétudes à ce sujet...

Elle a crâné :

— Ouais, je vais être Tata bientôt ! Attention, hein, il me rapportera tout, le meilleur et surtout le pire! »

On a éclaté d'un grand rire sain toutes les trois !
Un grand rire qui fait du bien !

On a promis-juré à Solange de rester en contact avec elle...

Un de ces jours, mon cœur réellement libéré acceptera de sortir avec Bertrand, mon discret collègue à la cour si délicate...

Moi – vivre...enfin !

Voilà, la boucle est bouclée comme on dit...

D'un côté ma mère « biologique »...

De l'autre, ma famille « de cœur »...

Je vais pouvoir redevenir une jeune fille normale, à la vie « banale », la vie à laquelle j'aspire...

J'ai gagné une « grande sœur » que je découvre jour après jour, comme un trésor caché si longtemps...

Je n'ai pas perdu ma famille, la famille que la vie m'a donnée, la famille la plus belle du monde...

Un cliché, hein ?

Pas tant que ça : de même qu'un enfant est toujours le plus beau du monde aux yeux de sa Maman, une famille est la plus belle du monde aux yeux de ses enfants comblés...

On a tous évolué dans cette affaire : Maman et Papa ont appris qu'être toujours si « cool » n'était pas forcément l'attitude la plus attendue par leurs enfants !

Que le conflit pouvait être bénéfique et constructif...

Bon, je ne suis pas sûre que Tom en soit complètement ravi...
Mais quand même, maintenant, il se permet d'exister à sa guise et d'affirmer sa personnalité.
Il reste bon élève, il adore ça...
Mais il sort, beaucoup, envers et contre tous et installe son jardin secret sans un bruit, patiemment, assidûment...

Maman le guette, le soir, un peu réprobatrice, un peu inquiète, mais toujours si fière de son grand Tom de fils, son grand Tom si intelligent, si optimiste, si heureux de vivre...

...Si amoureux aussi, mais ça je ne le trahis pas, ouh la la !!!

On est redevenus complices, on a des fous rires stupides d'adolescents, des secrets débiles...
Un de ces jours, j'obtiendrai que Papa et Maman rencontrent Mathilde et Xavier, son mari...

Un de ces jours, mon cœur réellement libéré acceptera de sortir avec Bertrand, mon discret collègue à la cour si délicate...

Je vais clore ce journal et me tourner définitivement vers La Vie...

Je suis jeune, libre et heureuse...

Je peux à présent me reposer sur mes racines, avec la double chance d'en posséder beaucoup plus que les autres...

Des racines solides et complémentaires...

A moi la vie, j'arrive !!!

Elle – libérée

Une grande plénitude dans ma tête s'est installée depuis que nous avons vu Solange ensemble.

Sincèrement, je suis persuadée que cette femme est un ange, mon ange...
Je pose enfin les pieds dans ma vie, ma vie de femme épanouie, au bras d'un mari aimant et bientôt Maman...enfin...

Je suis en paix avec moi-même
En paix avec mes parents.
En paix avec mes aïeux...bien que peu fière pour certains d'entre eux...
En paix avec mon petit garçon à venir...

Je suis enfin « mûre » pour être Maman et offrir à mon fils la vie à laquelle il a le droit d'aspirer...

Mon ciel s'est vidé de tous ces nuages si lourds et je ne suis

plus tremblante lorsque je regarde les photos de mes seize ans...
L'autre jour je suis même tombée sur une photo de Fred et moi, le petit couple parfait, sourire romantique et regard hypocrite...

C'est si loin...

Et si proche quand je vois Leïla, ce joli fruit d'une aventure sans avenir...
J'ai souri devant ce cliché, sans amertume...
Je l'ai mis de côté...
Un jour je le lui montrerai, à ma « petite soeur »...
Je suis pour la première fois confiante en l'avenir.

Demain n'est plus un obstacle supplémentaire à franchir...
Demain est un jour nouveau, plein de promesses...

L'air à la maison est léger, léger et doucement parfumé, comme le printemps...
La boutique résonne de rires et de chants, une musique douce égraine ses refrains du matin au soir...

Parfois Xavier vient y lire son journal avant la fermeture du soir, quand son agence lui octroie quelques instants de répit... Le rideau de fer se referme sur nos rêves et nos certitudes, sur notre attente du bébé, sur l'avenir et non plus le passé...

Je vais fermer ce cahier et ouvrir mon âme au futur, consciente et responsable enfin de mes choix et de mon avenir...

Xavier, me voilà !

Merci, 1000 fois merci d'avoir su m'attendre et m'aimer, supporter mes peurs et mes déroutes, mes doutes et mes failles...

Je t'ai fait revivre des moments difficiles, toi l'enfant abandonné, je t'ai perdu et tu m'as retrouvée...

Toi, moi, Bébé, une famille...enfin...

Toi, moi, Bébé, une famille...enfin...

Notre petite Leïla...

Paroles collatérales

Tom

Quelle frayeur j'ai eue quand Leïla a commencé de péter les plombs ! Les rendez-vous avec sa mère de naissance rendaient l'atmosphère de plus en plus lourde. Pourtant chez nous, c'est difficile de vivre en disharmonie... Nos parents sont très (trop) cool et il leur en faut beaucoup pour hausser le ton. C'est vrai que des fois c'est pénible, on aurait envie de les secouer pour qu'ils se fâchent un peu...

En même temps, c'est arrangeant... et surtout sécurisant !
Bref, j'ai vraiment cru que j'allais perdre ma grande sœur, qu'elle allait partir vivre avec sa mère biologique...

Toute cette période a été un moment très pénible, je me suis

même vu prendre Leïla à part et lui mettre les points sur les « i » !
Elle n'a pas protesté, elle était sciée...
Ma grande sœur, bon sang, comment je pourrais vivre sans elle ?

Quand je suis arrivé en France, j'avais 2 ans, je ne comprenais pas grand chose et j'avais peur malgré les câlins et les bisous de mes parents.

Je me souviens de cette petite fille sérieuse penchée sur moi, de mon sourire en voyant sa bouille et de son « Bonjour Tom, je t'aime petit frère... »
Depuis, elle et moi, c'est à la vie- à la mort !

Un jour, c'est moi qui partirai à la recherche de mes racines, c'est inévitable...
Peut-être au cours d'une mission humanitaire...mon rêve de toujours !

En attendant, nous avons tous pris une grande leçon d'humani-té, justement, dans cette histoire : respecter les autres et même

les aimer, quels que soient leur passé, leurs erreurs, leurs regrets...
Enfin, moi, c'est ce que j'en retiens...et qui me sera utile quand mon tour viendra...

J'espère que Leïla me présentera sa mère, sa « grande soeur » comme elle dit, et que nous nous entendrons bien...
Une nouvelle forme de fratrie en quelque sorte.

Le grand mot qu'il m'en reste c'est « pardon », un pardon vrai, sincère, du fond du cœur, un pardon qui ouvre les portes, sans commisération, sans besoin de jugement divin...

Maintenant, je respire à nouveau, je peux à nouveau sauter à pieds joints dans mon avenir : le bac,la fac de médecine, et...Malika, ma princesse cachée...

Maman et Papa

Notre petite Leïla...

Ce bébé si triste nous a touchés en plein cœur dès notre première visite à la pouponnière...
Nous étions dans l'attente d'une attribution depuis près de 3 longues années déjà...
Le coup de fil de l'assistante sociale a été un moment magique, surréaliste !

Le lendemain, nous partions à sa rencontre, et nous craquions de tendresse et d'amour devant ce minuscule être déjà plein de défense...
On ne s'est posé aucune question : c'est étrange l'adoption : on se reconnaît immédiatement !
Ça nous a fait exactement le même effet pour Tom...
Leïla et Tom, nos enfants de l'amour, nos enfants nos trésors...

Nous avons toujours une grande reconnaissance et un grand respect pour leurs mères de naissance, le courage dont elles ont fait preuve, chacune à sa manière, le jour où elles ont pris la terrible décision de se séparer de leur bébé...

Nous avons toujours gardé présente dans un coin de notre cerveau l'idée de cette recherche d'identité qu'ils feraient un jour... Nous en avons toujours eu peur...

Mais nous ne pensions pas que ce pourrait être si dur...
Très égoïstement, enfoui très profondément à la limite de notre conscience, nous nourrissions l'espoir d'une recherche sans conséquence, nous espérions que ni l'un ni l'autre ne veuille aller plus loin dans la relation, ne décide de rester en contact avec sa mère...

Mais Leïla a subi un grand bouleversement en retrouvant sa mère : une femme « bien », équilibrée, intelligente et humble, prête à entendre tous les reproches de son enfant, prête à accepter toutes ses colères...

Nous avons vraiment cru la perdre, elle avait perdu pied et ne savait plus dans quel monde était sa vie...
Peut-être est-ce que nous l'avons trop surprotégée, sûrement

d'ailleurs, mais nous détestons tant les conflits...

A force de garder l'image de ce bébé tout fragile, on ne lui a pas appris à se confronter à l'adversité, à « la vraie vie »...
Heureusement, notre médecin de famille a su écouter et conseiller Leïla au mieux...

Son séjour chez Véronique a été extrêmement bénéfique, elles sont si complices, si unies... Et Véronique malheureusement connaît bien les problèmes de famille, elle qui a passé son enfance ballottée de foyers en familles d'accueil...

Leïla est au clair maintenant : Sa famille s'est agrandie en quelque sorte, elle a gagné une « grande soeur »...
Un de ces jours, nous ferons la connaissance de celle-ci, c'est trop tôt encore pour tout le monde...

Un de ces jours, Tom partira à son tour à la recherche de sa mère, au bout du monde...

Nous sommes mieux préparés à présent, et lui aussi !
Nous pouvons à nouveau être heureux...tous ensemble...

Véronique

Leïla est ma meilleure amie depuis le CP, à l'époque où ses parents ont eu l'attribution de Tom par l'OAA...

Elle si joyeuse est devenue très triste brusquement et elle a commencé à me poser des questions sur le foyer où je vivais...
Au début, je ne voulais pas lui répondre, j'étais trop habituée à ces filles qui faisaient la gentille pour que je leur raconte ma vie, puis s'en servaient pour se moquer de moi avec leurs copines...

Jusqu'à ce qu'elle m'apprenne qu'elle avait été adoptée...
Jusqu'à ce que je lui fasse assez confiance pour la croire...

Là j'ai tout déballé, j'ai même pleuré...ma nouvelle amie m'a serrée dans ses bras et m'a dit : « *Moi, je t'aime Véronique, si tu veux on est amies pour la vie* ? »
On ne s'est pas quittées depuis...

Même mon départ vers le professionnel alors qu'elle partait au

lycée n'a pas eu raison de notre amitié !
C'est du solide, du « vrai de vrai », une abondance de chocolat et de confidences, de chagrins et de joies partagés...
Jamais de jugement, des discussions à n'en plus finir, toujours là pour l'autre...
Si je dois n'avoir qu'une amie dans la vie, alors c'est toi, « ma » Leïla !

Moi je la trouve plutôt courageuse, Leïla, d'avoir recherché sa mère, elle a pris un sacré risque, ça aurait pu la démolir complètement !

Quand je pense à la mienne, de mère, à la relation difficile que nous avons...
Les parents de Leïla, franchement, ce sont les parents idéaux pour moi !
J'aurais voulu qu'ils m'adoptent, j'en ai rêvé tellement...
Maintenant, mon amie est heureuse, elle a réglé ses comptes avec son passé...

Alors mon amie, ma sœur de cœur :
« *Bonne route et plein de bonheur, je serai toujours là pour toi* !

Sophie

Quand elle a sonné à ma porte, après m'avoir recontactée pour la première fois depuis si longtemps, je suis restée abasourdie !

Comme elle avait changé...

Elle m'avait prévenue que j'allais être étonnée, mais à ce point...
Elle était maigre, infiniment triste, relativement sale...
Je me suis posé la question très brièvement de ce que j'allais en faire...
Puis je l'ai installée chez moi, parce que Mathilde, c'est mon amie de toujours, jusqu'à l'entrée en seconde et ses histoires avec les garçons...
Là, je l'ai lâchée, pour moi c était impossible de la suivre sur ce chemin...

Je n'ai rien su de ce qui lui était arrivée, je crois qu'aucune fille de notre classe ne l'a su du reste...

Alors quand elle m'a téléphoné, pour m'appeler à l'aide en fin

de compte, ça m'a fait tout drôle !
Elle s'est bien requinquée, elle a même eu son bac !
On était très fiers d'elle, mes parents et moi...

Ils ne lui ont jamais dit, mais quand elle a renoncé à poursuivre des études et a commencé de travailler dans ce magasin de jouets, ils l'ont eue amère quand même...
Et puis, au fil du temps, en la voyant s'épanouir, ils sont revenus sur leurs positions.

Après, il y a eu toute cette recherche de sa fille, dont elle m'a enfin avoué l'existence.
Là, j'ai eu très peur qu'elle replonge dans une grosse déprime, surtout quand Xavier s'est éloigné...

Mais elle est forte, Mathilde, elle semble tomber au plus profond des Abysses, et puis elle remonte, lentement, parfois maladroitement, mais elle est remontée !

Alors quand je la vois maintenant, heureuse, épanouie, bientôt maman, je respire un grand coup et je dis « *ouf* »...

Xavier

Ma première rencontre avec Mathilde, c'était il y a si long-temps !
Je cherchais un cadeau de reine pour ma petite sœur chilienne...
Elle a été adorable, m'a conseillé avec soin, comme si elle cherchait un cadeau pour sa propre sœur...
Je suis tombé « en tendresse » ce jour-là, pas encore amoureux...

Et puis, son passé, mon passé, si proches, elle la maman qui abandonne, moi l'enfant qu on abandonne, fatalement ça nous a rapprochés...
J'ai eu un gros moment de colère après elle, j'ai fait un amalgame entre son comportement et celui de ma mère de naissance.

Il m'a fallu un peu de temps pour revenir vers Mathilde, et réaliser que je ne pourrais jamais vivre sans elle...

Aujourd'hui je réalise que j'aurais pu la perdre à jamais, qu'elle est passée assez près du suicide quand même...

J'en frémis rétrospectivement...

Maintenant nous sommes au calme, installés dans une vie de famille, entourés d'amour et de copains...

Mon agence fonctionne bien.

Là, je prépare un voyage pour Tom, j'étudie les possibilités pour lui d'allier voyage-plaisir et voyage-recherche, c'est lui qui me l'a demandé en secret...

Je regarde ma femme s'arrondir, elle est belle, elle sourit tout le temps, elle nous prépare un beau petit bonhomme !
Mon fils ! J'ai du mal à y croire... et pourtant !

Dans mon bureau, j'ajoute chaque jour une photo du ventre de Mathilde, au risque de passer pour un dingue !
Luna, Sophie et Mathilde ne se gênent pas pour me mettre en boîte !

Je m'en moque, je vole sur mon petit nuage de bonheur...

Mathilde, tu es la femme que j'attendais sans le savoir (je sais, ça fait refrain à 2 balles, mais comment dire autrement?)...

Ta propre fragilité a embrassé la mienne et à nous deux, nous en avons passées, des étapes de douleurs et d'interrogations..

Pourvu que Ce petit bout de Nous sache en faire une force et une armure contre les aléas de la vie...

Ma Mathilde, je t'aime, comme un fou, comme tu le mérites...

Maman et papa

Quand le passé est trop fort, il vous engloutit, vous empêche de respirer et vous force à vivre au rythme de souvenirs tenaces autant que terribles...
C'est ainsi que nous avons accueilli Mathilde, notre première enfant...

Nous étions tous deux dévorés de culpabilité, de colère, de révolte...
Nous avions aussi, sans le dire, un certain ressentiment l'un envers l'autre, alors que les responsables étaient nos parents...

Nous ne savions pas dans les premiers mois de grossesse la vérité, nous étions jeunes et amoureux, nous voulions nous unir pour la vie et accueillir ensemble cette enfant qui s'annonçait un peu trop tôt.
Cette enfant de l'amour...
C'est pour ça que nous avions précipité le mariage...
Quelle catastrophe...
Mais il est trop tard pour avoir des regrets, nous ne sommes

pas responsables de nos parents...
Notre seule faute était d'être fous l'un de l'autre, amants et futurs parents en secret...
Nous aurions tellement aimé que Mathilde grandisse dans l'amour de ses grands-parents...
Nous aurions tellement eu besoin d'eux à nos côtés...

Surtout quand Tristan est né...et mort...
Ses cendres sont là, sur la coiffeuse de la chambre, dans une boîte qui ressemble à tout sauf à une urne...
Un jour, nous le dirons à Mathilde, pas maintenant...
Maintenant, elle a droit à son bonheur, à sa maternité resplendissante, à sa vie ensoleillée...
Comme ça fait du bien de lui dire « je t'aime » comme quand elle était petite et si confiante, avant Tristan...

Aujourd'hui, nous avons une bonne raison de rester debout, de lutter contre la maladie : nous gagnons 2 petits-enfants dans cette histoire douloureuse...

Nous (re)gagnons également une fille, « notre » fille...
Notre amour de petite fille...

Solange

Des enfants nés sous X, j'en ai vus quelques-uns, heureusement pas trop...

C'est un véritable crève-cœur, ces enfants seuls dans leur berceau au milieu des autres, et ces mamans, souvent si désespérées...
Mathilde m'a marquée dès son arrivée. Elle était si jeune...
L'âge de ma fille, si choyée et si protégée...

Je n'ai pas pu m'empêcher de faire se chevaucher leurs deux visages... peut-être les boucles brunes...
Peut-être ma propre sensibilité... ma fille était en pleine crise d'adolescence à l'époque, et l'atmosphère à la maison ressemblait souvent à un violent orage de fin d'été...

Toujours est-il que j'ai été très attentive à cette jeune fille si perdue et si triste, que personne ne venait voir ni n'appelait...

Et ce bébé, avec sa touffe de cheveux bruns, cet air sérieux de

philosophe, ce refus de manger, cette façon bien particulière pour un nourrisson de se camoufler dans sa couverture rose...
Ce bébé sans nom...
J'avais envie de protéger la mère et l'enfant, j'avais envie de les voir heureuses...

Pourquoi certaines patientes vous touchent plus que d'autres, allez savoir...

Je n'ai jamais oublié le visage de Mathilde, et quand elle a débarqué dans le service, je l'ai reconnue tout de suite !

J'étais contente de la voir, et inquiète aussi : il arrive que des mamans débarquent comme ça et demandent des comptes sur leur enfant, des années après les avoir abandonnés...
Mais là, je sentais autre chose, un sentiment plus profond, plus authentique....

Nous avons discuté longtemps dans ce salon de thé...
J'ai assisté de loin à leurs retrouvailles, c'était beau, émouvant et beau...

Je suis fière d'avoir nommé ce petit bout de fille « Leïla », ça lui va si bien, avec ses longs cheveux bruns bouclés et ses grand yeux ouverts sur « demain »...

Mathilde va avoir un second enfant bientôt, un premier en fait, puisque celui-là, il est le fruit d'une grand amour, solide et durable...

Elle a choisi d'accoucher ailleurs, comme je la comprends !!!

Une odeur de bonheur flotte autour de moi, ses effluves s'échappent par la fenêtre entrouverte, tourbillonnent autour des couples amoureux, seuls au monde sur leurs bancs publics...

Moi – Bébé

Salut !

Moi, c'est Lohan, Samuel...

Je vais naître bientôt !

Pour le moment, je me prélasse dans le ventre de maman, je ne suis pas pressé...

Quoique j'aimerais bien voir le visage de mes parents !

Ces deux-là rient beaucoup, ils se font des bisous et des câlins aussi, je le sais bien, je vois tout d'ici !

Enfin, ça n'a pas été de tout repos ces 9 mois de gestation comme ils disent !

J'ai senti ma maman inquiète, stressée, puis plus calme, rassérénée...

Parfois elle courait d'un point à l'autre comme une dingue, j'en ai vomi !

Tous les jours, elle passe de longs moments à me caresser à travers son ventre, parfois je m'amuse à lui donner un coup de pied amical...elle rit !

Tous les soirs, elle se met debout et pose pour papa qui prend une photo...
Ça la fait rire, de toute façon tout ce que fait papa, ça la fait marrer...

Parfois, il y a une certaine Luna qui vient à la maison, elle a l'air sympa, elle amène un garçon quelquefois...
Il y a aussi une fille qui s'appelle Leïla, je n'ai pas trop compris qui elle était...
En fait je suis pressé et pas pressé d'arriver au monde...
J'ai l'impression que c'est beaucoup plus périlleux qu'on se l'imagine, bien tapi dans cet utérus douillet...

C'est comment dehors ?
C'est dangereux ?
Ça fait mal de sortir de là ?
Il fait froid ?
Est-ce que maman continuera de me caresser doucement

comme ça, comme elle le fait à travers son ventre ?
Est-ce que la vie qu'on me prépare sera conforme à l'idée que je m'en fais depuis 9 mois ?
Est-ce que mes parents m'aimeront ?
Est-ce que je ne vais pas les décevoir ? Je ne suis pas sûr d'être très beau... On doit sortir tout flétri de là-dedans...

Oups ! Je sens que le toboggan glisse de plus en plus vite...
A tout de suite !

Je m'appelle Lohan, j'ai un joli nom !
Un nom qui veut dire « lumière »...

Je m'appelle Lohan, j'ai un joli nom !

Un nom qui veut dire « lumière »...

Postface

Comment est né ce texte?

Par hasard...

Une émotion, une image, un film dans ma tête...

Un matin, au réveil, je me suis assise devant mon clavier et j'ai écrit la première page...

Comme ça, sans y penser, sans y réfléchir.

Je me suis relue et je me suis demandé d'où venait cette ébauche d'histoire...

Certainement de très loin..

Peut-être même d'au-delà ma propre existence...

Tant de choses sont mêlées là-dedans...

Une autobiographie assaisonnée des vécus de mes aïeux, des fantasmes de mon enfance, des désillusions amoncelées, des bonheurs engrangés...

En écrivant, une émotion très forte s'est emparée de moi.

J'ai été chaque personnage à son tour.
J'ai ressenti chaque joie, chaque chagrin, chaque peur...
Cela m'a épuisée et ravie à la fois.
C'est une expérience rare et précieuse.
Dangereuse néanmoins...
Pas sûre d'en sortir indemne...
La dernière ligne m'a coûté beaucoup : comment écrire le mot « fin » alors que justement les deux dernières pages sont un hommage à la vie qui commence ?
Oui, mais cette vie ne m'appartient plus, Leïla et Mathilde se la sont appropriée...
Page après page, elles m'ont imposé leur volonté, leur mal-être ou leurs bonheurs...
Je suis heureuse d'avoir su les rendre heureuses...

Je pense que Mathilde, Leïla, Tom et les autres ne me quitteront jamais vraiment, et j'ai envie de leur dire merci d'être venus à la rencontre de mon imaginaire...
Sophie est l'amie de mon enfance la plus tendre, ma première complice...
Véronique est cette petite fille débarquée un jour dans ma classe de 9ème (CE2 maintenant), enfant du voyage, que mes

copines et moi avons défendu corps et âme contre les à-priori bien pensants de nos maîtresses et directrice...
Tom, tu es sûrement le petit frère que j'ai rêvé d'avoir... tu es un mélange de mes trois enfants du bout du monde...
Léo, comme tu ressembles à mon premier amour !... en moins platonique néanmoins... mais aussi inapte à comprendre les situations atypiques...
Maman et papa, je vous ai rêvés ainsi ... sans jamais vous trouver...
Papy et mamie, vous êtes Jeanne, Germaine, René, Volodia, Fanny, Solly, Alice... grands-parents de naissance, de cœur, d'alliance...connus ou regrettés...
Xavier, bien sûr c'est Toi, le grand Amour de ma vie...
Mathilde et Leïla enfin, vous êtes des reflets de moi, des pièces de mon propre puzzle...
Solange, tu es Thérèse et Olga, celles sur lesquelles on peut compter, rares et précieuses ...

Lorsque l'enfant paraît

Lorsque l'enfant paraît, le cercle de famille
Applaudit à grands cris ; son doux regard qui brille
Fait briller tous les yeux,
Et les plus tristes fronts, les plus souillés peut-être,
Se dérident soudain à voir l'enfant paraître,
Innocent et joyeux.
Soit que juin ait verdi mon seuil, ou que novembre
Fasse autour d'un grand feu vacillant dans la chambre
Les chaises se toucher,
Quand l'enfant vient, la joie arrive et nous éclaire.
On rit, on se récrie, on l'appelle, et sa mère
Tremble à le voir marcher.
Quelquefois nous parlons, en remuant la flamme,
De patrie et de Dieu, des poètes, de l'âme
Qui s'élève en priant ;
L'enfant paraît, adieu le ciel et la patrie
Et les poètes saints ! la grave causerie
S'arrête en souriant.
La nuit, quand l'homme dort, quand l'esprit rêve, à l'heure
Où l'on entend gémir comme une voix qui pleure,
L'onde entre les roseaux,
Si l'aube tout à coup là-bas luit comme un phare,
Sa clarté dans les champs éveille une fanfare
De cloches et d'oiseaux !
Enfant, vous êtes l'aube et mon âme est la plaine

Qui des plus douces fleurs embaume son haleine
Quand vous la respirez ;
Mon âme est la forêt dont les sombres ramures
S'emplissent pour vous seul de suaves murmures
Et de rayons dorés !
Car vos beaux yeux sont pleins de douceurs infinies,
Car vos petites mains, joyeuses et bénies
N'ont point mal fait encor ;
Jamais vos jeunes pas n'ont touché notre fange ;
Tête sacrée ! enfant aux cheveux blonds ! bel ange
À l'auréole d'or !
Vous êtes parmi nous la colombe de l'arche.
Vos pieds tendres et purs n'ont point l'âge où l'on marche ;
Vos ailes sont d'azur.
Sans le comprendre encor, vous regardez le monde.
Double virginité ! corps où rien n'est immonde,
Âme où rien n'est impur !
Il est si beau, l'enfant, avec son doux sourire,
Sa douce bonne foi, sa voix qui veut tout dire,
Ses pleurs vite apaisés,
Laissant errer sa vue étonnée et ravie,
Offrant de toutes parts sa jeune âme à la vie
Et sa bouche aux baisers !
Seigneur ! préservez-moi, préservez ceux que j'aime,
Frères, parents, amis, et mes ennemis même
Dans le mal triomphants,
De jamais voir, Seigneur ! l'été sans fleurs vermeilles,
La cage sans oiseaux, la ruche sans abeilles,
La maison sans enfants !

Victor Hugo,

Les feuilles de l'Automne, XIX

Propos de l'auteur

Dans ma vie j'ai fait deux magnifiques voyages : le premier en juin 2000 au Guatemala à la rencontre de notre fils aîné, alors âgé de 16 mois. Ce fut une rencontre magique, un lien immédiat, fort, irréversible... Le second voyage en juin 2003 en Haïti, mes bras grands ouverts pour y recevoir et y serrer sans fin mes « jumeau-jumelle » alors âgés de 2 ans et 11 mois. Leurs premiers câlins timides, leur découverte émerveillée du contenu de ma valise, le bonheur de me promener avec un enfant dans chaque bras... MES enfants !

Les mathématiques ont été bouleversées par ces rencontres : Nous étions au départ 1+1=2, puis 1+1=3 et enfin 3+1=...5 !

Le chemin qui mène à l'adoption n'est pas une route tranquille, droite et sans obstacles, mais il est semé de surprises et de fleurs, de larmes de rosée aussi, de renoncements et d'émerveillements.

Un jour, probablement, nos trois enfants ressentiront l'envie et le besoin de partir à la rencontre de leurs origines. Nous y sommes prêts et nous les accompagnerons, s'ils le souhaitent, dans cette démarche qui sera la leur propre et au terme de laquelle nous leur souhaitons, comme à Leïla, d'y asseoir leurs racines.

La dernière ligne m'a coûté beaucoup : comment écrire le mot « fin » alors que justement les deux dernières pages sont un hommage à la vie qui commence ?

D'autres écrits poussent ma main à manier la plume...Lettre après lettre, mot après mot, les idées se couchent sur le papier et s'entendent pour former un nouveau récit tout en émotions... et vous offrir un jour très prochain un autre roman qui vous plongera dans un autre univers.

N'hésitez pas à suivre ma vie d'écrivain sur ma page facebook :

https://www.facebook.com/pages/Natalice

Laissez-y vos commentaires sur le livre que vous venez d'achever, vos questions, vos critiques... et partagez avec les autres lecteurs vos émotions !

32426723R00214

Made in the USA
Charleston, SC
18 August 2014